Catholicisme, zones de fracture

Du même auteur

– *Dieu aime-t-il l'argent ? Don, piété et utopie sociale chez les catholiques en France*, Paris, L'Harmattan, 2006.
– *À la recherche de soi ; la Bible et notre vie intérieure*, Paris, Bayard, 2008.

18, rue Barbès, 92128 Montrouge Cedex
ISBN : 978-2-227-48215-9

Nicolas de Bremond d'Ars

Catholicisme, zones de fracture

bayard

Remerciements

Cet ouvrage est le résultat d'études qui ont été possibles grâce à de nombreuses personnes. Je tiens à leur exprimer ma gratitude.

Viennent en premier tous mes amis dont les questions exigeantes m'ont conduit à affiner mon regard : Isa au premier chef, pour les longues discussions et la relecture attentive du manuscrit ; et bien entendu Christine, Véronique, Gonzague, Pierre-Antoine, Jacques, Michelle, Joseph, Françoise, Florence, Antoine, Sophie, Hélène. Ma reconnaissance va également à Jacques Faucher, directeur de l'Espace bioéthique aquitain, qui a bien voulu relire et corriger le chapitre 5. Il m'est impossible de nommer toutes les personnes qui m'ont accueilli lors de ces études, ci et là : elles ont joué le jeu d'ouvrir leurs dossiers sans restriction, c'est une attitude précieuse pour le chercheur.

Ce livre est aussi le fruit du travail effectué dans le groupe MOCA (Modernité en catholicisme) pendant quelques années. Les participants en étaient Marie Balas, Céline Béraud, Brigitte Bleuzen, Frédéric Gugelot, Isabelle Jonveaux, Guénolé Labey-Guimard, Anne-Sophie Lamine, Pierre Lassave, Isabelle Saint-Martin. Je les remercie pour le travail en commun.

Enfin mes remerciements à Frédéric Boyer, mon éditeur, qui m'a aidé par ses encouragements constants à mener ce projet et à surmonter les difficultés qui se présentaient.

Introduction

Zones de fracture : l'expression renvoie aux mouvements de convection qui affectent les plaques continentales de la planète Terre. Elles sont invisibles, et néanmoins meurtrières pour tous les établissements humains qui se sont construits à l'endroit des failles, sur les zones de fracture. Les récents tremblements de terre en témoignent abondamment pour 2009 et 2010.

Le catholicisme en France est lui aussi édifié sur des zones de fracture. Les émois de l'opinion publique depuis l'élection du pape Benoît XVI traduisent, nous semble-t-il, les mouvements de fond qui travaillent depuis parfois plusieurs siècles la vie du catholicisme romain. Une tectonique des plaques ébranle le champ religieux. Elle est plus qu'un conflit de mentalités ou d'idéologies : différents mondes ont été patiemment élaborés, les constructions s'ajustent mal. Des choix d'édification ont été posés, siècle après siècle, qui viennent aujourd'hui à maturité.

En France, les deux plaques fondatrices d'une France catholique et d'une France laïque se dissocient inexorablement depuis plus de deux siècles, avec des périodes de rémission, et des ajustements parfois douloureux. L'exculturation du catholicisme est plus qu'amorcée, elle est un fait patent, elle manifeste la fin d'un monde[1]. À travers un certain nombre de dossiers que nous avons rassemblés, nous voudrions montrer ces zones de fracture. Elles déstabilisent le sol culturel des Français, mais sont parfois originées dans le fonctionnement et les choix stratégiques décidés à Rome.

Repérer des zones de fracture ne signifie pas porter un jugement sur elles. La dérive des continents aboutit parfois, on le sait, à la création d'un troisième qui émerge de l'océan : la fragilisation du catholicisme est susceptible de donner naissance à de nouvelles formes de vie chrétienne catholique. Du reste, l'intense discussion qui s'est ouverte sur le concile Vatican II est bien le signe qu'une transformation — un séisme, disent certains — peut faire émerger en interne une nouvelle configuration catholique romaine.

Une fois posé le principe de cette incertitude quant à l'avenir, il reste à évaluer la puissance des frottements tectoniques et la dynamique des ruptures qui sont en cours. D'un côté, nous disposons de dossiers « chauds », qui mobilisent l'attention de façon récurrente ou parce que l'actualité les met en lumière. La pédophilie des clercs et la question intégriste en sont des exemples. Deux chapitres leur sont consacrés, comme il se doit. On ne peut pas vraiment les dissocier, malgré tout, d'autres lieux difficiles pour le catholicisme français, qui sont en ce moment moins sous les feux de la rampe mais qui émergent périodiquement ; concrètement, tout ce qui tourne autour de la vie intime des gens, comme la gestion de la sexualité, celle du corps à travers la maladie, mais également la vie maritale qui confine à plusieurs dimensions. Un chapitre sera donc consacré à ce corps humain que l'Église catholique veut interpréter comme « le corps de l'autre », et un autre cha-

1. Danièle Hervieu-Léger, *Catholicisme, la fin d'un monde*, Paris, Bayard, 2003. « Exculturation », ou « sortie culturelle » signifie que la société française ne prend plus appui sur les données culturelles du catholicisme pour se construire, alors que c'était largement le cas même au XIXe siècle.

pitre au difficile assemblage de l'homme et de la femme que l'Église voudrait intangible : les divorcés-remariés, épine dans le souci pastoral de l'Église. Et comme les zones de fracture apparaissent parfois à l'occasion d'événements ou de politiques qui n'ont qu'un rapport distant et éloigné avec ces plaques de subduction qui se heurtent, nous serons amenés à nous interroger sur trois lieux du catholicisme français où la politique interne de l'Église catholique se donne à observer. Il s'agit d'abord du mouvement synodal, vaste mouvement de démocratie participative ou de consultation des fidèles, dont on ne peut, à l'heure actuelle, mesurer les effets de long terme ; ensuite des recompositions du tissu paroissial, qui obéissent, on le verra, à deux modèles distincts, et qui sont induites par l'implosion démographique du corps clérical ; enfin la pratique de la messe dominicale, que nous aborderons en nous interrogeant sur le devenir du dimanche. Au total, sept dossiers importants sur la vie du catholicisme français.

La tectonique des plaques n'est pas une science aléatoire. De même que l'on peut observer les mouvements des continents, les déplacements des failles et mesurer les forces en présence, il est possible d'émettre des hypothèses sur les tensions que subit le catholicisme. Ainsi avons-nous voulu organiser la présentation des dossiers en fonction de certaines lignes de force.

Nous commencerons par une conviction. Bien souvent les travaux de sociologie religieuse sont influencés par les vastes enquêtes quantitatives qui ont, il est vrai, leurs lettres de noblesse : les *Matériaux pour l'histoire religieuse du peuple français*[2] demeurent une ressource irremplaçable pour appréhender les comportements religieux. À condition

2. Fernand Boulard, avec la collaboration de Yves-Marie Hilaire et Nadine Chaline, Pierre Foucault, Jacques Gadille, Philippe Lacoudre, *Matériaux pour l'histoire religieuse du peuple français XIXe-XXe siècles*, tome 1, Paris, Éditions de l'EHESS/Presses de la FNSP/Éditions du CNRS, 1982.

de définir ce que signifie la fameuse « pratique religieuse », à quoi on réduit bien souvent le comportement des fidèles. Mais nous ne disposons plus, depuis longtemps, des ressources pour mener à bien une étude exhaustive. De plus, comme on le verra tout au long de l'ouvrage, et spécialement dans le chapitre sur le dimanche, les conditions de la pratique religieuse ont changé en profondeur. On ne se définit plus comme catholique sur la base de la pratique dominicale, critère né à partir des injonctions ecclésiastiques du concile de Trente (de 1545 à 1563). Même si les fidèles sont encore ceux de la liturgie dominicale, il est réducteur de définir un « être catholique » à partir de cela. C'est la raison pour laquelle nous ne cherchons pas, ici, à évaluer la conformité religieuse, ni à définir qui est catholique et qui ne l'est pas.

En revanche, nous pouvons tenir que le catholicisme est bien vivant. Il n'est pas, comme on pourrait avoir tendance à le croire, une « religion minoritaire » en France. Du reste, il est largement répandu sur tout le territoire français, et les mesures qu'il adopte pour faire face aux transformations démographiques intéressent aussi bien les autorités civiles que religieuses. Les deux premiers chapitres, consacrés au mouvement synodal et aux recompositions paroissiales, sont témoins d'une vitalité qui adapte les dispositifs administratifs et de gouvernement des fidèles. Dans la douleur, à n'en pas douter au vu de ce qui remonte des assemblées synodales. Pour prolonger l'interrogation sur les déplacements internes du catholicisme en France, nous aborderons la question du dimanche. Nous verrons que la pratique de la messe dominicale a toujours été fragile, et qu'il ne faut peut-être pas se focaliser sur ce critère pour juger de la vitalité du catholicisme. Même si les trois premiers chapitres aboutissent à interroger fortement les choix qui sont faits de façon très pragmatique par les autorités ecclésiastiques. L'avenir reste cependant ouvert.

De la cohérence des choix opérés pour assurer la vie des fidèles dépend peut-être l'issue que l'on souhaite aux deux dossiers suivants.

Ce sont deux véritables zones de fracture, qui manifestent l'éloignement progressif des deux continents de la culture française (et, sans doute, européenne) et de l'*habitus* catholique. Le cas des divorcés-remariés signe l'existence d'un fort questionnement sur les nouvelles formes de conjugalité, et sur la pertinence des dispositifs catholiques (eucharistie, confession) qui ont permis de gérer jusqu'à une période récente les difficultés. On peut tout aussi bien étendre cela en direction de la gestion du corps, qu'il s'agisse de la sexualité, de la procréation ou de la maladie : le cinquième chapitre voudrait montrer comment une faille est en train de se constituer depuis plus de trente ans entre la culture anthropologique et le catholicisme. Les systèmes de valeur se trouvent désormais en inversion complète, l'un par rapport à l'autre.

Le dossier sur la pédophilie, si envahissant — et à juste titre ! — dans les médias, est un autre aspect de cette dérive divergente des continents. Il s'attaque au cœur même de ce qui constitue le système catholique : le clergé. Au-delà des polémiques sur le fait de savoir si l'institution pouvait être irréprochable, deux points douloureux émergent. Le premier concerne la gestion de la sexualité pour cette catégorie particulière de chrétiens que constitue le clergé. Le débat public rassemble, autour de la question nauséabonde des sévices sexuels infligés aux enfants et adolescents (dont l'Église n'a pas le monopole), tout ce qui a trait au statut spécifique de ces personnels spécialisés, les clercs. Ce qui soulève un deuxième point de fièvre : l'émergence d'une opinion publique catholique, avec une interrogation forte sur la vision interne du monde véhiculée par les instances de gouvernement du catholicisme romain. Interrogation qui trouve un écho dans le dernier dossier que nous traiterons, la crise intégriste.

Plus de quarante ans après l'aggiornamento de l'Église, une opposition tenace plante ses crocs dans la trame des croyances et pratiques catholiques. Elle préoccupe si bien les autorités romaines, qu'elle semble avoir trouvé une connivence avec le pape Benoît XVI, lequel n'a jamais caché ses inquiétudes quant aux « dérives » liturgiques et théologiques nées à l'occasion du concile Vatican II. Du moins est-ce ainsi qu'une opinion catholique largement majoritaire l'a compris lorsque, en janvier 2009, il a été décidé de lever les excommunications des évêques schismatiques. L'émotion suscitée par cet acte, opportunément relayée par la publicité faite autour des propos négationnistes de Mgr Williamson, a produit un trouble sévère dans les consciences des fidèles. Le chapitre montre pourquoi, à notre sens, la question intégriste affecte surtout la France, et pourquoi la liturgie en est devenue le lieu de crispation par excellence. Dans la suite de ce qui aura été exposé à propos de la pédophilie, nous serons amené à montrer que le concile Vatican II a entrepris de bouleverser l'image politique que l'Église entretient sur elle-même, et qu'un chapitre important de l'Histoire catholique est effectivement en train de se clore.

Il n'entre pas dans le projet de ce livre d'émettre des pronostics sur les évolutions du catholicisme. Tous les chercheurs savent bien que la scène religieuse bouillonne en permanence, et qu'il serait hasardeux de prédire ce qu'il en sera dans une dizaine d'années. Au moins aurons-nous contribué à mettre en lumière quelques zones de fracture provoquant çà et là des tremblements de terre, qui contribuent à fissurer l'édifice patiemment élaboré par les siècles. Mais le catholicisme en a déjà connu.

Chapitre préliminaire

QUELQUES CHIFFRES

Il est de bon ton, dans un ouvrage de sociologie des faits religieux, de procéder à une description statistique. On mesurerait ainsi, comme de coutume, l'importance numérique des catholiques dans la vie du peuple français. N'est-ce pas d'ailleurs ce qui préoccupe sans cesse à la fois le Vatican (« le nombre de prêtres diminue », peut-on lire parfois dans les discours de responsables de la curie romaine), les évêques qui se désolent de la baisse de la pratique religieuse, les gouvernements qui s'interrogent sur la puissance de mobilisation publique (manifestation pour l'École libre en 1986 à Paris — un million de manifestants) ? Certes, d'un point de vue politique et social, il est évident que l'on ne peut pas faire abstraction de l'équilibre des « forces » en présence. Malgré tout, il n'est pas utile d'en arriver à la célèbre boutade de Staline : « le Vatican, combien de divisions ? » pour comprendre que l'importance du catholicisme ne s'apprécie pas à partir du nombre de fidèles qui « pratiquent », ni des effectifs du clergé.

Nous donnons ci-après un certain nombre de chiffres. Ceux qui concernent le « personnel », c'est-à-dire les prêtres et diacres (nous n'en avons pas pour les laïcs), sont fiables. Les chiffres qui concernent la pratique religieuse seront discutés. S'ils donnent une idée de la place des catholiques en France, ils ne disent rien de ce qu'ils sont réellement, ni de la manière dont « ils pratiquent ».

LA PRATIQUE RELIGIEUSE

Si toutefois il fallait donner un aperçu de l'importance numérique du catholicisme en France… que faut-il dénombrer ? En premier lieu, sans doute, le nombre de fidèles catholiques. Ils sont dénombrables à partir du moment où leur croyance prend une tournure publique. C'est à une telle préoccupation que l'on doit la plus vaste base de données concernant la pratique religieuse catholique en France, issue de l'enquête du chanoine Boulard : les *Matériaux pour l'histoire religieuse du peuple français*[3]. Mais on voit bien tout de suite que ce n'est pas parce que les catholiques ne vont pas à la messe du dimanche, qu'ils ne se réclament pas de cette croyance. Les sondages montrent à l'envi que l'on peut se déclarer catholique « non pratiquant ». Certes, il aura fallu « passer par l'église » pour afficher son catholicisme — à ses propres yeux du moins. Il faut au moins un « passage ». On compte alors les baptêmes, signe indubitable d'appartenance. Il y a beaucoup plus de gens baptisés que de gens qui vont à la messe le dimanche.

Mais pourquoi faudrait-il que les catholiques se reconnaissent ainsi dans une « pratique religieuse » ? On connaît d'autres croyances religieuses qui se passent fort bien de ce type de manifestation, et qui réservent la croyance à une dimension individuelle ou familiale. En ce qui concerne le catholicisme, les affaires semblent claires — jusqu'à un certain point. Les catholiques les plus « performants » vont à la messe le dimanche parce que cela fait partie de leur croyance ou, plus exactement, des « commandements de l'Église », qui leur demande, dès la première initiation religieuse, d'assister à la messe (*cf.* chapitre 3). On perçoit tout de suite la limite : il suffit que l'Église change son initia-

3. Fernand Boulard, avec la collaboration de Yves-Marie Hilaire et Nadine Chaline, Pierre Foucault, Jacques Gadille, Philippe Lacoudre, *Matériaux…*, *op. cit.*

tion, et promeuve une autre forme de rassemblement (repas familial, comme dans le judaïsme avec le shabbat) pour que le comptage des catholiques ne soit plus pertinent.

Or, la transformation de la catéchèse dès les années précédant le concile Vatican II a précisément conduit à modifier les comportements : les « commandements de l'Église » ont été remplacés par une incitation/invitation, et pendant une longue période, le discours tenu par les fidèles, souvent formés par l'Action catholique (mais pas uniquement), insistait sur une opposition entre deux attitudes : « non-pratique + charité concrète » étaient préférables à « pratique dominicale + non-charité ». Était visée, en réalité, une pratique de type « sociologique », de conformité sociale, qui ne se préoccupait sans doute pas d'accorder les « commandements de l'Église » dans leur dimension cultuelle à la dimension caritative. On dénonçait alors « l'hypocrisie » des bons pratiquants. Même s'il est à ce jour impossible d'évaluer l'impact de ce courant de pensée et des changements dans l'initiation catholique, on en mesure la portée : la pratique dominicale n'a plus été au centre des préoccupations d'un certain nombre de catholiques. Cela explique peut-être, en fin de compte, une part des « non-pratiquants » actuels.

Au final, dénombrer les fidèles catholiques à partir de la pratique dominicale a perdu beaucoup de sa pertinence. Est-il possible, à ce jour, de fournir malgré tout quelques données ? Il n'existe pas d'organisme qui collecte, soit pour la recherche, soit pour l'Église catholique elle-même. Ce sont souvent les enquêtes[4] et les sondages qui fournissent les indications actuelles sur la pratique religieuse. Les données qui suivent n'ont que valeur indicative.

Le diocèse de Versailles (Yvelines) a procédé à un comptage de pratique dominicale et a obtenu le chiffre de 77 000 vers le milieu des

4. En particulier les données issues de l'Enquête sur les valeurs des Européens : Pierre Bréchon, Jean-François Tchernia (dir.), *La France à travers ses valeurs*, Paris, Armand Colin, 2009.

années 2000[5], pour une population totale de 1,4 million d'habitants, soit 5,5 %. Un comptage approximatif du XVe arrondissement de Paris (250 000 hab.) donnerait, pour la même période, une fréquentation maximale de 4 %. Ce sont deux secteurs à population plutôt pratiquante. Ces chiffres sont à rapprocher de sondages qui décriraient une pratique dominicale (définie par une fréquentation mensuelle) sur la France entière comprise entre 5 et 8 %, selon les périodes. Avec toute la prudence requise, on peut donc avancer qu'il y aurait environ 4 millions de Français dans les églises catholiques tous les dimanches.

Jean-René Bertrand et Colette Muller, dans leur ouvrage *Où sont passés les Catholiques ?*[6], proposent de dénombrer toutes les formes d'attachement à une pratique religieuse, pour échapper aux pièges de la messe du dimanche. Les catholiques, disent-ils fort justement, peuvent également n'avoir qu'une appartenance à un mouvement (Action catholique ou de spiritualité comme les équipes du Rosaire), sans obligatoirement pratiquer. Ils peuvent aussi être empêchés de se déplacer — et on les retrouve parmi les spectateurs de l'émission télévisée « Le jour du Seigneur », ou dans les auditeurs des différentes radios chrétiennes. Ils sont souvent lecteurs de magazines : *Le Pèlerin* et *Famille chrétienne*, *Panorama* et *La Vie*, et bien d'autres publications. Bref, les modalités contemporaines d'adhésion et/ou d'appartenance catholique se sont diversifiées. Donner des « chiffres de pratique religieuse » a-t-il encore un sens ?

À vrai dire, l'information la plus pertinente ne réside pas dans les chiffres bruts. Comme le présentent J.R. Bertrand et C. Muller, la façon de se rattacher au catholicisme est tout aussi importante. Parce que la société et la culture françaises évoluent, les manières d'adhérer évo-

5. Le chiffre est calculé pour un comptage simultané sur un seul dimanche. L'année est incertaine : 2006 ? 2004 ?, l'informateur n'ayant pu préciser. Nous n'avons pas eu accès aux documents.
6. Paris, DDB, 2003.

luent. Les chiffres bruts traduisent des évolutions qu'il s'agit d'interpréter. Nous avons mentionné les facteurs endogènes — la façon dont la pratique de la messe du dimanche est enseignée dans les catéchismes —, il faudrait mentionner d'autres facteurs qui ont de l'influence. Nous avons pour notre part proposé de comprendre la fréquentation des paroisses catholiques à partir d'un examen minutieux des finances et des fichiers que ces dernières collationnent[7]. En effet, l'argent arrive dans les caisses des paroisses à différentes occasions, et les dons aux œuvres également : denier de l'Église, quêtes aux offices religieux, cérémonies diverses (obsèques, baptêmes, mariages), cotisation au catéchisme, kermesses, etc. Il en sort un paysage plus contrasté qu'il n'y paraît au premier abord.

La première représentation que l'on se fait de l'adhésion est peut-être celle d'un cercle, ou d'un système planétaire, dont le centre serait la messe du dimanche. Les fidèles les plus militants seraient donc au centre, et les autres s'étageraient en cercles concentriques, de plus en plus loin. La réalité est plus complexe. Si on examine soigneusement les dons qui sont faits par les catholiques, on s'aperçoit qu'il y a bien un noyau de fidèles qui s'identifient à la messe du dimanche. Leur fidélité est « illimitée », ce sont des donateurs fidèles et réguliers : denier de l'Église, quêtes à la messe, dons aux œuvres. À côté de ce groupe existent plusieurs autres catégories de fidèles, qui n'utilisent qu'une seule (voire deux ou trois) modalité de don, la plupart du temps limitée dans son montant ou dans le temps : à l'occasion d'une cérémonie, pour une messe en faveur d'un défunt[8], et ainsi de suite. Cela détermine quatre catégories : les fidèles qui utilisent l'espace public non contrôlé (ils fréquentent les églises pour prier ou mettre un cierge) ; les « prudents », qui viennent pour les rites de passage (baptême, mariage,

7. Nicolas de Bremond d'Ars, *Dieu aime-t-il l'argent ? Dons, piété et utopie sociale chez les catholiques en France*, Paris, L'Harmattan, 2006.
8. Guillaume Cuchet, *Le crépuscule du purgatoire*, Paris, Armand Colin, 2005.

enterrement — soit : naissance, amour, mort) ; les fidèles de la transmission (inscription des enfants au catéchisme) ; enfin, les fidèles de la mémoire (messes pour les défunts). Les catégories ne se recoupent pas vraiment, ou dans une faible mesure. Les catholiques qui en relèvent ont donc chacun une manière particulière d'approcher le religieux offert par les paroisses.

La représentation implicite qui est sous-tendue par le comptage des fidèles pratiquants est en revanche concentrique : les plus et les moins pratiquants. On comprend ce qu'elle a de limité, voire de faussé. Les fidèles catholiques sont bien plus diversifiés, et se rattachent par bien des manières au catholicisme. Si on ne s'appuie que sur le dénombrement des fidèles, on risque de passer à côté des mouvements internes à l'Église catholique en France.

UN PERSONNEL D'ENCADREMENT

La structure de l'institution catholique serait mal décrite si elle ne prenait pas en compte le personnel qui l'anime. De ce côté, nombre de changements ont eu cours dans les vingt dernières années. Il n'est pas illégitime de parler de « séisme démographique », tant les chiffres bruts évoquent une transformation radicale. Citons pêle-mêle la chute du nombre de prêtres, la reviviscence d'un ancien degré ecclésiastique — le diaconat —, la présence de laïcs rémunérés, le plus souvent des femmes, et la présence importante de prêtres d'origine étrangère dans les paroisses de France.

Le clergé fait l'objet de toutes les attentions, aussi bien de la part de Rome que des populations. En 2008, on peut estimer le nombre de prêtres à environ 12 000 pour la France entière, soit 120 par diocèse ou département soit un prêtre pour 896 habitants. Sur ce total, on compte seulement 4 500 prêtres de moins de 65 ans. Il faut leur adjoindre, toujours pour 2008, environ 1 200 prêtres venus d'un autre pays : continent africain (sub-saharien), Europe de l'Est (Pologne), Asie (Viêtnam,...). Si l'on voulait augmenter la précision, il faudrait tenir compte des prêtres religieux (jésuites, dominicains, franciscains, et autres). Mais ils appartiennent à des ordres et congrégations qui modifient parfois leur répartition géographique, étant présents dans plusieurs pays du monde : d'une année à l'autre, le chiffre peut varier sans revêtir une signification directe pour la France. Comparés aux 48 000 prêtres diocésains des années 1950-1960 soit un prêtre pour 5167 habitants, les prêtres diocésains actuels sont noyés dans une population qui a fortement augmenté ; ils sont, d'une certaine manière, devenus invisibles pour la majorité de la population. Le retour des habits ecclésiastiques, pour spectaculaire qu'il soit — col romain, voire soutane —, ne peut faire illusion : rencontrer un prêtre sur son passage devient exceptionnel si l'on n'est pas catholique pratiquant. Le recrutement sacerdotal s'est globalement stabilisé. En 2009, il y a environ 850 séminaristes, et le chiffre reste à peu près stable bon an, mal an. Il conduit à un nombre d'ordination compris entre 85 et 110 par an, plutôt en dessous de 100. L'âge moyen à l'ordination (30 ans) permet de calculer le taux de renouvellement, en tablant sur une durée de « vie professionnelle » de 35 ans (une limite d'âge de 65 ans) : il est compris entre 0,6 et 0,7 pour les prêtres actifs.

Le clergé catholique romain est célibataire, et de nombreuses voix se sont élevées depuis quelques décennies pour réclamer un assouplissement de la discipline du célibat ecclésiastique : pourrait-il y avoir un jour des prêtres mariés — ce qui serait, pour une part de l'opinion catholique, un obstacle de moins pour choisir le sacerdoce ? La réponse romaine est intransigeante : il ne saurait y avoir d'autorisation de mariage à l'instar du clergé catholique oriental. Aussi la reviviscence du diaconat peut-elle sembler, pour l'opinion catholique française, un contournement de ce problème.

On compte en France environ 2 000 diacres, pour l'essentiel mariés. À la différence des autres clercs, ils ne forment ni un collège (évêques), ni un corps (prêtres). Chaque diacre est attaché en ligne directe à l'évêque qui l'a ordonné. Le colloque de Lyon qui leur a été consacré[9] en 2005 a établi que leur profil oscillait autour de deux tendances. La première considère que le diacre est une sorte de représentant officiel de l'évêque dans son milieu professionnel, social, associatif, avec une inflexion marquée en faveur des œuvres de solidarité. La seconde préfère attacher les diacres au travail paroissial : ils célèbrent baptêmes et mariages (et les préparent), ils prêchent le dimanche parfois. Ils sont alors souvent considérés par les fidèles qui ne pratiquent que très peu comme des « prêtres mariés ». Dans les deux cas de figure, leur légitimité humaine et sociale est vécue comme plus forte que celle des prêtres. Le fait qu'ils aient fondé un foyer, affronté l'éducation d'enfants, qu'ils aient connu les milieux professionnels les rend proches des gens. L'âge moyen des diacres est plutôt élevé. Une raison importante en est l'âge minimal élevé (35 ans) requis pour l'ordination. Complétant les prêtres, ils ne sont cependant pas impliqués à temps plein dans la vie de l'Église en raison de leur vie familiale et professionnelle. Ils ne sauraient donc, quoi qu'on en ait, se substituer ni s'ajouter aux prêtres.

Céline Béraud a consacré un travail important aux laïcs qui sont en responsabilité dans les diverses communautés catholiques (paroisses, aumôneries[10]). Malheureusement, il n'est guère possible de fournir le moindre chiffre, parce que les moyens font défaut pour évaluer leur nombre. Les services de la Conférence des évêques de France ne collationnent pas le nombre de « lettres de mission » qui encadrent et déterminent le travail de ces laïcs. Ils sont missionnés pour un temps donné, pour occuper parfois des postes autrefois occupés par le clergé. Ils — ou plutôt : elles, car ce sont pour l'immense majorité des femmes —

9. Bruno Dumons, Daniel Moulinet, *Le Diaconat permanent*, Paris, Cerf, 2007.

10. Céline Béraud, *Prêtres, diacres, laïcs ; révolution silencieuse dans le catholicisme français*, Paris, PUF, 2007.

sont aumôniers d'hôpital ou de prison, responsables de catéchèse pour les petits (Primaire) ou les grands (collégiens, lycéens, étudiants), assistants de paroisse avec des domaines de compétence divers. Ils/elles sont rémunérés selon des critères qui sont propres aux diocèses. Certains postes (hôpital, prison) relèvent du budget de la Fonction publique, mais les autres sont assumés par les diocèses. Le niveau moyen de rémunération avoisine le SMIC, sachant que ce sont souvent des emplois à temps partiel, et que ces responsables ne comptent pas vraiment leur temps : pour un mi-temps, il n'est pas exceptionnel de voir ces personnes se donner bien au-delà, parfois en doublant leur temps de travail. Aussi la rémunération n'est-elle pas représentative du travail fourni, ni du poste défini.

La population catholique est enfin animée et mobilisée par des centaines de milliers de bénévoles, qui assument diverses responsabilités. La fonction la plus représentée est très vraisemblablement celle des catéchistes, qui assurent le service de la transmission auprès des jeunes. Bien d'autres services n'existent que par eux : liturgies, préparation aux sacrements, ainsi que tous les services liés à la solidarité. Là encore, les statistiques sont défaillantes[11]. On entre malgré tout ici dans une zone d'interprétation délicate, dans la mesure où le degré de mobilisation des fidèles, au service du groupe ou au service du monde, dépend de nombreuses conditions internes et extérieures à l'Église.

Cet aperçu rapide et chiffré ne prétend pas rendre compte de la vitalité du catholicisme. Mais il faut accepter de reconnaître que les chiffres sont une information « négociable », alors que les autres critères de vitalité sont plus difficilement perceptibles. Nous verrons lorsque nous examinerons le sort des paroisses que l'on pourrait appliquer une

11. Il existe des données qui sont reprises d'année en année et publiées. Mais il n'y a aucune certitude sur leur fiabilité. Les moyens de collecte sont en effet trop artisanaux.

logique de chiffres pour se rendre compte de cette vitalité : plus ou moins de paroisses, plus ou moins de clochers. Seulement la vraie question n'est pas de savoir si toutes les églises sont desservies par le clergé, mais bien plutôt si les fidèles continuent de les utiliser — fût-ce pour des activités autres que cultuelles. Parfois les chiffres font plus choc que les subtils raisonnements, ils peuvent aussi trahir une paresse institutionnelle : tant de séminaristes en plus, tant d'ordinations en plus, et l'on se rassure à bon compte. Tant de catholiques à la messe le dimanche, autant d'électeurs mobilisables pour une action collective…

Chapitre 1

MOUVEMENT SYNODAL

Le concile Vatican II (1962-1965) a introduit de profondes modifications dans la manière d'organiser l'Église catholique romaine. L'aspect le plus spectaculaire, qui cristallise de nombreux débats dans une atmosphère lourde et souvent empreinte d'arrière-pensées politiques, est certainement la liturgie. Le retournement de l'espace liturgique et les substantielles modifications du Missel romain en sont les signes les plus visibles.

Bien d'autres modifications, moins perceptibles au premier abord, sont venues transformer en profondeur l'organisation et le fonctionnement de l'Église, au premier rang desquelles il faut noter la réintroduction des synodes[12]. Alors que le concile Vatican I (1869-1870 ; interrompu par l'entrée des troupes italiennes de Garibaldi dans Rome, et jamais repris) avait accru le risque de centralisation en renforçant la position papale, par le dogme de l'infaillibilité pontificale, Vatican II semble avoir offert une contrepartie par la revitalisation des synodes. Depuis 1983, les évêques de France ont très largement adopté les synodes comme forme de gouvernement extraordinaire, qui a pris

12. Bien que popularisée par une longue pratique, l'étymologie habituelle « synode = chemin ensemble » est fausse. Elle repose sur une erreur de grammaire. Il faut poser : « synode = franchir le même seuil », d'où : tenir conseil. En latin, la traduction antique était « concilium ».

d'autant plus de relief que les formes traditionnelles étaient affectées par l'implosion démographique du clergé. Cependant, bien que relativement nombreux sur l'ensemble de la France, les synodes sont restés des procédures lourdes, s'étalant sur plusieurs années, et l'on peut tout aussi bien affirmer qu'ils sont devenus une stratégie de mobilisation des fidèles et des militants plutôt qu'un conseil. Décider un synode diocésain, pour un évêque, revient à entamer une procédure de consultation de la base des fidèles, certes en vue d'objectifs de gouvernement (dont les regroupements de paroisses), mais aussi en vue de substituer à des mobilisations locales peu dynamiques un vaste mouvement extraparoissial.

Il convient en outre de préciser qu'il existe juridiquement une distinction entre le synode proprement dit et l'assemblée synodale. Le premier a des implications juridiques, et bien des évêques ont préféré mener des assemblées synodales dont les orientations et conclusions ne relevaient pas du droit canonique *stricto sensu*. Ici, nous embrasserons les deux aspects dont les caractéristiques sont voisines : forte mobilisation, longue durée, intensité de la participation des fidèles.

HISTORIQUE

La procédure synodale n'est pas nouvelle, dans l'Église catholique. Les synodes furent, aux premiers temps de l'Église, la réponse à l'extension géographique des activités cultuelles. L'évêque d'un diocèse ayant l'habitude de travailler avec les prêtres, ses collaborateurs proches, se devait d'atteindre les groupes chrétiens les plus éloignés. La dispersion des prêtres imposa des rencontres périodiques avec l'évêque — les synodes —, souvent plusieurs fois par an. Le concile de Trente reprit l'institution, qui périclita ensuite aux XVIIe et XVIIIe siècles. Après la Révolution, les gouvernements français soumirent les synodes à des autorisations strictes, contraignant les évêques à modifier les contenus des thématiques ainsi que la composition des assemblées. Le cardinal Gasparri, qui était le maître d'œuvre du Code de droit canonique de 1917, avait enseigné le droit canonique aux facultés catholiques de Paris. S'appuyant sur les observations faites dans l'Église de France, il s'efforça de codifier les pratiques qui étaient le résultat des conditions historiques, en dépit des sources historiques de l'institution synodale : « Le dommage est que d'une pratique adoptée librement par des évêques, il fit une loi et ordonna de soumettre aux membres du synode "un schéma de décrets", préparé éventuellement par des commissions[13]. » Louis Trichet voit dans ce durcissement juridique des pratiques une dérive, qui conduit les synodes, au XXe siècle, à perdre de leur intérêt pour le gouvernement des diocèses.

Il n'est pas inutile de s'attarder quelque peu sur l'institution synodale issue du concile de Trente. Dès la seconde moitié du XVIe siècle, Charles Borromée utilise à la fois le concile provincial[14] (six conciles) et le synode diocésain (onze) pour faire passer les réformes décidées à Trente. Avec une énergie peu commune, Borromée a impulsé une modalité de fonctionnement qui se retrouve dans la critique ci-dessus de la codification entreprise par le cardinal Gasparri. Son approche est juridique, et il profite de ces assemblées pour produire une importante œuvre législative, qui fera date par les *Acta ecclesiae Mediolanensis* pour toute l'aire catholique. Or, Borromée travaille en étroite concertation avec un alter ego, le cardinal archevêque de Bologne Gabriel Paoletti. Ce dernier réunit tout au long de son épiscopat au moins vingt-sept synodes, soit plus que Borromée lui-même. Cependant, il n'en est pas résulté une production de décrets et lois, car Paoletti, en fidèle ami de Philippe Néri, a privilégié la dynamique pastorale, et fait prévaloir la

13. Louis Trichet, *Les synodes en France aux XIXe et XXe siècles*, Paris, Cerf, 2006, p. 50.

14. On distingue les conciles généraux et les conciles particuliers ; le concile provincial concerne les évêques d'une province ecclésiastique.

résolution des cas singuliers qui surgissaient à la suite des visites pastorales. Ainsi, deux voies sont possibles pour l'institution synodale, dès le concile de Trente : celle qui produit du droit et de l'organisation, d'une part, et celle qui se préoccupe de contact étroit avec les fidèles. Paoletti écrit à Charles Borromée :

> Je ne doute pas que les décrets que l'on prépare ne seront pas infiniment sages et saints, mais, pour vous dire en toute liberté ce que je sens, jusqu'ici, quant à moi, j'estime bien plus ce que V.S. Ill^{me} a démontré par ses actions et sa discipline réglée, parce que ce sont des faits, la seule chose dont nous ayons besoin, et que les autres choses sont des raisonnements[15].

Il est clair que le travail du praticien a disparu plus rapidement de la mémoire collective que celui du légiste. Le dialogue entre les deux évêques a continué toute le temps de leurs épiscopats. Mais on peut y voir clairement les fondations qui président à la reviviscence de l'institution synodale à Vatican II. Les choix effectués par Paoletti le conduisent loin, en direction de pratiques que nous retrouverons chez bien des évêques contemporains. En témoigne son mode de vie personnel bannissant le faste au profit de la proximité :

> Il en va de même lorsque le jésuite [Palmio] s'oppose aussi au projet de Paoletti de prendre ses repas avec tous les collaborateurs et serviteurs, y compris laïcs : cette mesure ôterait son autorité et son prestige à l'évêque et elle apparaîtrait comme singulière « parce que ce n'est pas une habitude chez d'autres évêques, même zélés dans la réforme[16] ».

Il est vrai que Charles Borromée fait de vifs reproches en retour à Paoletti parce que ce dernier a prêché en quelques occasions dans la langue latine, ce qui contrevient aux objectifs de prédication la plus

15. Cité par Paolo Prodi, *Christianisme et monde moderne*, Paris, Seuil/Gallimard, 2006, p. 123.
16. Paulo Prodi, *op. cit.*, p. 123-124.

proche possible du peuple. On perçoit aisément que deux modèles de fonctionnement naissent de la même volonté réformatrice. Celui qui l'a emporté par son exemplarité et l'inspiration qu'il a représentée pour la législation interne de l'Église catholique est celui du plus grand diocèse de la chrétienté : Milan, et ses quinze évêchés suffragants. L'organisation de Charles Borromée répond au volume d'activité généré par cette dimension politique, ainsi qu'à la proximité de la confrontation avec la Réforme, qui est puissante en Suisse à la frontière du Milanais. Pour le diocèse de Bologne, les circonstances étaient certes différentes, cela n'a pas empêché l'évêque de mettre en œuvre un modèle directement inspiré d'une sollicitude pastorale, celle de saint Philippe Néri et de son Oratoire de l'Amour divin. La spiritualité, donc.

Le XIXe siècle renoue avec la coutume du synode diocésain, une fois passé les troubles révolutionnaires. Louis Trichet mentionne à titre non exhaustif, pour la France : deux synodes à Paris, en 1850 et 1902, mais quinze à Poitiers entre 1852 et 1869, puis un par an de 1871 à 1878 ; six à Cambrai entre 1852 et 1867, trois à Dijon (1852, 1853, 1855), quand Moulins en tient treize de 1853 à 1869 et dix-huit de 1871 à 1891. Une forte disparité qui ne semble pas répondre à une quelconque régularité culturelle, régionale ou autre. Sans doute faut-il revenir au critère de la personnalité des évêques et à leur formation initiale, comme pour la différence entre Milan et Bologne.

Lorsque le concile Vatican II s'annonce, l'institution synodale est tombée en désuétude. De 1918 à 1960, les diocèses n'ont tenu au maximum que quatre synodes, puisque le Code de droit canonique de 1917 avait réduit leur périodicité à dix ans. De plus, ce Code avait transformé leur objectif, qui était désormais d'assurer auprès de l'évêque une mission de conseil pour la rédaction de statuts diocésains.

Le Code de 1983, issu du concile, se fait écho de la préoccupation de retrouver une large dimension populaire, à l'image du concile lui-même, qui s'était voulu « pastoral » et œcuménique. Le canon 460 précise qu'au synode, prêtres et fidèles sont réunis « pour apporter leur concours à l'évêque diocésain pour le bien de la communauté diocésaine tout entière ». Les canons suivants ouvrent une large fenêtre de participation, puisque des personnes n'appartenant pas à la communauté catholique romaine peuvent être autorisées, sur invitation de l'évêque, à siéger. Il semble donc que la lignée de Paoletti ait pris le pas sur celle de Borromée, que l'action de Gasparri dans le Code de 1917 avait caricaturée et vidée de son sens.

C'est donc à partir de cet historique brièvement esquissé qu'il nous faut rendre compte de l'important mouvement synodal qui a mobilisé les catholiques en France depuis 1983.

De 1983 à 1999, 37 synodes diocésains ont été tenus. En 2000, quatre synodes se sont conclus, puis on connaît ensuite chaque année au moins une conclusion de synode : 2001 Moulins, 2002 Chambéry et Lille, 2003 Poitiers, etc. La mobilisation a été intense : entre le premier synode d'Évry avec 0,7 % de la population (du diocèse) et celui de Sées qui a mobilisé 9,5 % de la population, nombre de synodes ont ainsi enraciné dans le paysage français la possibilité d'une démocratie participative, évidemment limitée à une dimension consultative. Nous livrons dans le tableau ci-dessous à titre d'illustration les résultats non exhaustifs de notre compilation (il n'existe pas de données statistiques à jour) :

Année	Diocèse	Caractéristiques
1998-2001	Saint-Denis	
1998-2000	Blois	Assemblée finale : 192 personnes (44 clercs, 10 religieuses, 138 laïcs) ; 50 orientations finales
2000-2001	Moulins	Démarche synodale
2001-2002	Montpellier	Synode des jeunes
2002-2003	Quimper et Léon	Parcours synodal

2002-2004	Bayonne	1 300 personnes dans l'assemblée finale ; 5 orientations générales
2002	Chambéry	
2002	Lille	
2003	Poitiers	
2005	Gap	Démarche synodale ; assemblée finale 2 500 personnes
2005-2006	Annecy	Synode de la jeunesse ; assemblée finale 1 500 personnes
2005-2007	Carcassonne	
2005-2007	Angers	2 400 équipes ; 300 délégués ; 10 000 participants assemblée finale
2006	Cahors	Enquête préalable (> 9 500 réponses)
2006 ?-2007/8 ?	Digne	
2006-2007	Rennes	
2009-2010	Saint-Flour	Enquête préalable ; 158 équipes
2007-2009	Nice	888 équipes (10 000 personnes) ; 350 délégués ; 80 articles synodaux ; 12 000 participants assemblée finale
2008-2009	Verdun	330 équipes (2 300 personnes) ; 150 délégués
2009-2010	Rouen	Enquête préalable (200 000 questionnaires) ; 250 délégués
2009-2011	Versailles	

UN MODE DE GOUVERNEMENT ?

La procédure synodale est classée dans le Titre III du Code de droit canonique de 1983, qui traite de « l'organisation interne des Églises particulières ». Il en constitue le premier chapitre dans une série décrivant d'abord toutes les procédures collectives (chapitres 1 à 5), avant d'envisager les personnes et fonctions (chapitres 6 à 8). Ce premier chapitre sera suivi successivement par celui qui traite de la « curie diocésaine », puis « le conseil épiscopal et le collège des consulteurs », « les chapitres de chanoines », et « le conseil pastoral » (diocésain). L'organisation du Code n'est pas neutre : le synode est rehaussé au rang de procédure première de gouvernement du diocèse.

On saisit tout de suite que le statut des prêtres change dans ce gouvernement issu de Vatican II. Ils ne seront plus premiers, par leur instance de représentation habituelle qui est le conseil presbytéral. Cela est corroboré par l'examen des conseils qui assistent l'évêque : le conseil presbytéral qui représente les prêtres est « comme le sénat de l'évêque, et à qui il revient de l'aider selon le droit dans le gouvernement du diocèse, dans le but de promouvoir le plus efficacement possible le bien pastoral et la portion du peuple de Dieu confiée à l'évêque » (canon 495, § 1). Mais l'évêque peut s'appuyer tout aussi bien sur le conseil pastoral diocésain, qui « se compose de fidèles qui soient en pleine communion avec l'Église catholique, tant clercs ou membres d'instituts de vie consacrée, que laïcs surtout » (canon 512, § 1), conseil « auquel il revient sous l'autorité de l'évêque d'étudier ce qui dans le diocèse touche l'activité pastorale, de l'évaluer et de proposer des conclusions pratiques » (canon 511). Or, les deux conseils ainsi constitués n'ayant que voix consultative, ils se trouvent sur un plan d'égalité.

Le synode peut donc être assimilé à une assemblée générale de délégués qui sont désignés selon des modalités très diverses, avec un ordre du jour précis. L'évêque convoque le synode, soit dans une perspective générale sur l'évolution de la vie catholique dans le diocèse, soit avec une attention particulière à certains aspects : synodes portant sur les jeunes, sur la recomposition des paroisses, sur la famille et la transmission. Suivant les diocèses, un certain nombre de synodes ont intégré dans les objectifs de travail la restructuration du dispositif paroissial. Cependant, comme le synode est canoniquement situé, des évêques ont préféré avoir recours à des « assemblées synodales », ou bien à des « chantiers diocésains », pour ne pas avoir à adopter les formes du synode. La dimension spécifique de l'assemblée des délégués (dont une partie peut être désignée par l'évêque, d'autres étant présents ès qualités) se retrouve néanmoins, dans une procédure de concertation qui s'étend sur plusieurs années, avec différents niveaux de mobilisation.

Plusieurs étapes forment le processus synodal, qui s'apparente, de ce fait, à un mouvement de démocratie participative. Arnaud Join-Lambert distingue quatre phases de déroulement, communes à la grande majorité des synodes[17] :

– une phase de consultation, avec convocation, liturgie d'ouverture, enquêtes et consultation sur le terrain, pour cerner les sujets prioritaires ;

– une phase de réflexion, consacrée pour l'essentiel à des réunions des fidèles en carrefours, avec une thématique précise ; parfois, un aller-retour entre les premières équipes et leur retraitement par les équipes responsables allonge la réflexion ;

– une phase de décision, avec votes, qui a lieu souvent au cours de la séance de clôture ;

– une fête de clôture, qui rassemble largement les fidèles, y compris ceux qui n'ont pas participé au processus synodal.

17. Arnaud Join-Lambert, *Les liturgies des synodes diocésains*, Paris, Cerf, 2004.

Après une période de consultation des instances *ad hoc*, l'évêque annonce le synode. Il est alors proposé aux fidèles de participer à la mesure de leur disponibilité. Dans les paroisses, les aumôneries, les mouvements, les modalités de participation se mettent en place, à l'aide de séances de présentations. Mouvements synodaux, chantiers et synodes peuvent mobiliser une foule importante, moyenne ou mesurée, en fonction de la démarche participative qui a été projetée. À Luçon (Vendée), le synode qui s'est conclu en 2007 a mobilisé près de 13 000 acteurs, tandis qu'à Nancy (achevé en 2008) les délégués étaient environ un millier (mais près de 3 000 participants à l'assemblée de clôture). Dans les synodes à large concertation, on voit que le taux de participation par rapport à la population concernée est relativement important. Il en résulte une forte légitimité des contenus qui vont ensuite remonter et être retravaillés par les équipes de pilotage des synodes.

Les fidèles s'assemblent en équipes ou carrefours. À Luçon, ils avaient été invités à ouvrir largement leurs rangs aux non-pratiquants et, s'ils le voulaient, aux non-catholiques. Une équipe de synode est donc l'expression la plus directe du terrain. Les rapports qui sont alors collectés donnent, malgré les biais qui peuvent les affecter — questions posées, thèmes abordés, composition des carrefours —, un état relativement fiable de l'opinion catholique. Mais le traitement des données qui remontent de la base n'est pas simple.

D'une part, cette opinion évoque des sujets sensibles, sur lesquels, précisément, l'évêque ne voulait pas que les fidèles se décident. En effet, bien des domaines qui touchent l'organisation morale ou dogmatique de l'Église catholique romaine font débat, notamment ceux qui touchent au clergé ou aux mœurs. Un synode local n'aurait évidemment pas autorité pour remettre en cause le célibat des prêtres, par exemple. Les questions et orientations proposées à la discussion pour les fidèles s'efforcent de circonvenir le danger, mais la libre parole dans les carrefours n'exclut nullement la remontée des plaintes. Les cahiers de doléances sont fort courants dans les synodes.

D'autre part, lorsque les fidèles s'approprient des questions dans le sens requis par les autorités synodales, l'expression n'est pas immédiatement exploitable. Ainsi faut-il progresser dans l'expression, sans trahir les thématiques qui émergent, mais en offrant de nouvelles perspectives de débat. Il est difficile, à cette étape, de ne pas gauchir le processus.

Ces deux écueils se retrouvent par exemple dans le synode de Luçon, mais il ne doit pas être le seul. Les archives du synode font état de plaintes concernant en premier lieu le statut des divorcés-remariés, ainsi que celui des prêtres (pour lesquels on demande la possibilité du mariage et, dans une très moindre mesure, la féminisation). Ces deux affaires ne peuvent évidemment pas être traitées au niveau du diocèse, bien que les fidèles les aient liées à la crédibilité de l'action pastorale locale. Si l'Église bougeait sur le statut des divorcés, on suppose que les gens reviendraient dans les églises. Il faut donc honorer cette demande, et la désamorcer. Elle sera présente dans le document final, sous la forme suivante :

> Parce que nous croyons en un Dieu d'amour et de miséricorde, nous voulons nous engager à accueillir les femmes et les hommes en situation de séparation, de divorce, de remariage civil. Nous voulons cheminer avec eux dans une attitude de respect et non de jugement. Ils ont toute leur place de baptisés — et nous souhaitons qu'ils la prennent — dans la communauté chrétienne. Les divorcés-remariés, comme tout chrétien, sont invités à vivre leur baptême par la prière personnelle et communautaire, et par le service de ce monde que Dieu aime[18].

À Luçon, une fois la première étape franchie, il fallait poursuivre la discussion et proposer un approfondissement. Le document de la deuxième étape avait donc été élaboré indépendamment des remontées

18. Orientations synodales, titre B, orientation 1C, page 42. La Roche-sur-Yon, Siloé, 2006.

de la première, et l'on devine, à travers la rhétorique dont il fait preuve, que l'ajustement parfait n'est guère possible. En clair, pour relancer rapidement un approfondissement, et dépasser les embarras des doléances, l'équipe synodale a été amenée à réaliser un coup de force, qui est une anticipation basée sur des analyses antérieures au synode. Mais on ne le perçoit qu'au terme du processus synodal, parce que la machinerie est lourde et à forte inertie.

Le synode gouverne donc l'opinion catholique, dans le sens où, lui permettant de se déployer librement grâce aux carrefours, il lui permettrait de transcrire en actes censés être efficaces (les résolutions finales) les plaintes exprimées. On peut hésiter quant à savoir s'il s'agit d'un bon gouvernement ou d'une manipulation. Les deux écueils mentionnés décrivent simplement les limites du système, qui seront ensuite à rapporter à celles rencontrées par les formes traditionnelles de gouvernement, qui repose sur le clergé.

À Nancy, où une dimension réduite a été préférée pour les carrefours en équipes locales, la deuxième étape a été délibérément en déport. En effet, suivant sans doute une inspiration en provenance du synode de Poitiers (2003), l'évêque de Nancy avait choisi de renvoyer les équipes à un approfondissement de l'Écriture. La deuxième année était structurée par un document d'accompagnement basé sur la personne de Jésus Christ :

> Il est proposé de lire, de travailler, de méditer l'un ou l'autre texte choisi et retenu par chacun des groupes [...]. En faisant connaître le fruit de leurs partages et de leurs questionnements, ils apporteront leurs lumières pour l'aujourd'hui et l'avenir des communautés chrétiennes du diocèse[19].

19. PSAR, « Passons sur l'autre rive », document de travail du synode pour l'année 2.

Cela revient à poser le gouvernement du diocèse dans un rapport à des textes fondateurs, avec comme souci principal l'instauration d'une distance entre une parole de type politique, c'est-à-dire qui prendrait appui sur les constats effectués ou sur des visions préalables — précisément le deuxième écueil mentionné plus haut —, et ce qui est qualifié de « parole de Dieu », c'est-à-dire dont l'origine est inaccessible aux hommes (« cette Parole nous est adressée par un Autre » ; PSAR). Il est attendu de la dimension collective une régulation de l'interprétation qui éviterait l'éclatement des paroles personnelles (« la lecture en Église nous prémunit contre la confusion entre notre parole et la Parole de Dieu » ; PSAR). Dans cet espace ainsi créé et bordé, les fidèles sont invités à se situer en « croyants », dans une herméneutique de la situation contemporaine du diocèse : « Nous serons invités, en communautés, à dire ce que l'Esprit saint dit à notre Église de Meurthe-et-Moselle » (PSAR).

Ces deux exemples de traitement des remontées des paroles de la base croyante manifestent la plasticité de la procédure synodale. Elle est à la discrétion de l'évêque, selon ce que nous avons vu déjà au XVIe siècle à propos de Milan et Bologne.

LE SOIN DU MONDE

Il ne faudrait pas réduire l'activité synodale à son contenu, bien que les préoccupations qui se font jour dans les documents finals s'avèrent de fait fort instructifs sur les déplacements vécus par les catholiques en France. L'examen de quelques documents nous offre par exemple les éléments suivants, qui définissent plus des contenus imaginaires mobilisateurs que des orientations pragmatiques et politiques. En effet, il ne s'agit pas d'évaluer la pertinence d'une injonction à travailler, mais bien plutôt de repérer les contenus sociaux à l'œuvre dans le discours religieux, ce qui relève d'un regard sur la société.

Clermont-Ferrand (loi synodale 2000) : Le document comporte plusieurs têtes de chapitre, la première étant consacrée à la paroisse et la seconde aux jeunes.

– Pour la paroisse : en numéro 6 viennent l'accueil et l'attention aux personnes, au numéro 7 la solidarité et la charité, au numéro 8 les différences culturelles et religieuses.

– Pour les jeunes : on souligne l'importance de la présence dans les différents lieux de regroupement des jeunes, à l'extérieur, bien évidemment, de la paroisse (concerts, rendez-vous divers) ; la prégnance de la famille, appréhendée à la fois à partir de ses échecs, et des différences culturelles ; l'avenir, avec ses difficultés, ses incertitudes, et le nécessaire travail de renforts psychologiques.

Montpellier (projet 2001) : Le projet de Montpellier se propose d'instaurer dans chaque ensemble paroissial des équipes de liturgies, des équipes de solidarités, des équipes d'information et de communication.

Chambéry (2002) : Les premiers paragraphes du document concernent l'accueil, et le lien social entendu au sens des rencontres diverses qui sont nécessairement à faire par les catholiques. Ils mentionnent également la recherche de sens spirituel, de vie spirituelle. L'accueil des personnes et la solidarité tiennent aussi une place importante.

Viviers (2001) : Le premier chapitre du document porte sur la solidarité. Il comprend de nombreux paragraphes, parmi lesquels on signalera les mentions suivantes : les pauvres et les petits (paragraphes 1, 2, 3, 4, 5…) ; le soutien des politiques en faveur du lien social ; l'acceptation des diversités religieuses. Ce chapitre reprend les notions d'écoute, de dialogue, d'engagement et de partage.

Le chapitre deux concerne les communautés, et avec une insistance sur les sacrements, une insistance également sur la diffusion de contenus identitaires et un rappel du service des hommes au-delà des frontières paroissiales.

Saint-Étienne (orientation diocésaine 1996) : Le premier chapitre concerne la solidarité. Le deuxième chapitre, les communautés appréhendées dans une perspective de communion/communication.

Poitiers (synode 2003) : Dans le premier grand chapitre, intitulé « mission », on mentionne la fraternité et la solidarité, ainsi que la responsabilité sociale. La famille, les jeunes en difficulté, ainsi que les mutations du monde socio-économique sont également mis en avant.

Grenoble (charte 1999) : Dans le chapitre 1-3 intitulé « visées », on voit apparaître les démunis, la nécessité de l'écoute attentive de chacun, la quête de sens spirituel, les diversités religieuses, et les nécessaires liens des individus les uns avec les autres.

Ces documents et travaux sont éloignés dans l'espace et n'ont pas tous été adoptés avec la même portée d'autorité pastorale. Pourtant, ils témoignent d'une remarquable convergence des contenus imaginaires. Ils tiennent en deux grandes têtes de chapitre : tout ce qui concerne le lien social, entendu au sens large, c'est-à-dire notamment le rapport à la pauvreté et à l'exclusion. D'autre part, une mention certes secondaire mais présente un peu partout concernant les diversités culturelles et religieuses. On sent à travers ces documents issus des assemblées et des discussions de nombreuses communautés catholiques que ces derniers cherchent à asseoir leur légitimité sur les revendications de réintégration des exclus, aussi bien que d'accueil des différences. Cela ne veut pas dire, et on ne perçoit cet élément dans aucun document, que la victimisation devient un principe de légitimité. La plainte et la détresse ne deviennent pas le principe de légitimité d'un agir catholique (la plainte justifie l'action), mais elles deviennent le lieu désigné de l'action. Dans une certaine vision de la charité, autrefois, il fallait agir en raison des convictions religieuses ; aujourd'hui, il faut agir par souci d'un « soin du monde ». À propos de la détresse, reprise par les carrefours et jusqu'à l'élaboration finale des documents synodaux, se révèle un point d'attention fondamental, le lien social. D'une certaine manière, le religieux présent dans ces documents est à la fois un religieux de piété, surtout d'ordre liturgique et non pas d'ordre individuel, et un religieux de socialité. Remarque essentielle, dont nous apprécierons la portée dans le chapitre 2.

VIVRE UN ÉVÉNEMENT

Un synode est également un événement. La dimension événementielle a toujours fait partie d'un dispositif de gouvernement de l'Église catholique, en France et ailleurs. Les grands rassemblements se sont succédé, dans l'histoire, sur des bases de mobilisation variables : congrès (Union des Œuvres, missionnaires), pèlerinages, rassemblements de mouvements (scoutisme, Action catholique). On peut laisser en retrait de cette liste les pèlerinages, dans la mesure où, comme tous les rassemblements de piété, ils n'ont pas et n'avaient pas pour vocation une mise en mobilisation de la parole des fidèles. Plus près de nous, on mentionnera le Fraternel des jeunes de l'Île-de-France (le FRAT), qui rassemble annuellement environ 12 000 jeunes collégiens et lycéens. Les synodes ont cependant une double caractéristique. Ils sont d'abord ce qu'on appelle un « open » dans le domaine des compétitions sportives, parce qu'ils se veulent ouverts à qui s'inscrit, sans exclusive (dans les synodes « ouverts » comme Luçon). À cette ouverture est associée une mobilisation spirituelle qui transforme le but premier du rassemblement — envisager l'avenir de l'Église diocésaine — en moyen de redynamisation des fidèles.

En effet, aucun synode ne se déroule sans être ponctué de rassemblements diocésains, de liturgies et de manifestations spirituelles. La désignation officielle de l'événement est : « célébrer un synode », pour annoncer l'enracinement de la consultation dans l'action spirituelle. Le langage tenu par les différents acteurs en porte la trace, ce qui rend parfois le décryptage complexe pour les personnes non familières du discours interne à l'Église et ses enjeux pragmatiques. À titre d'illustration, voici les différents temps et actions liturgiques et spirituels dont a été jalonné le synode de Luçon (septembre 2004-juin 2006) :

– novembre 2004 : préparation spirituelle avec le pèlerinage des reliques de sainte Thérèse de Lisieux ;

– Noël 2004 : cartes de Noël pour promouvoir le synode ;

– Épiphanie (janvier) 2005 : église Saint-Louis de La Roche-sur-Yon le samedi ; célébrations paroissiales spécifiques le dimanche ;

– avril-juin 2005 : temps forts dans les doyennés ;

– juillet 2005 : journée missionnaire à Saint-Louis de La Roche-sur-Yon, et envoi des jeunes aux JMJ ;

– 1er octobre 2005 : après-midi spirituel pour les membres de l'assemblée synodale ;

– 1er et 2 novembre : assemblée synodale I ;

– octobre-décembre : veillées synodes dans tout le diocèse ;

– 1er-2 avril 2006 : assemblée synodale II, au cours de laquelle l'évêque a procédé à une démarche pénitentielle (repentance) ;

– 3-7 mai 2006 : marche diocésaine de Montaigu à Luçon, et neuvaine de prière ;

– 3 juin 2006 : veillée d'ouverture ;

– 4 juin 2006 : fête de clôture du synode.

Cet inventaire exhaustif décrit assez justement l'imbrication étroite des préoccupations de gouvernement, avec leur lot de consultation, rédaction, promulgation de textes, et de la dynamique de mobilisation spirituelle des fidèles. À ce titre, tous les observateurs mentionnent le caractère événementiel du synode. D'une certaine manière, bien que les études fassent défaut sur le sujet, il faut comprendre cette imbrication comme une volonté de réaliser, selon les mots classiques des théologiens, une « ecclésiologie de communion ». La dimension liturgique assure une véritable crédibilité théologale aux relations qui se sont nouées entre les fidèles à l'occasion des diverses manifestations. D'un point de vue plus politique, on conclura que les synodes sont les événements qui réalisent une sortie des fidèles hors des limites paroissiales, et contribuent à créer une conscience diocésaine.

À QUOI ABOUTIT UN SYNODE ?

Les participants d'un synode ont souvent eu le sentiment, quelques années après l'événement, que les choses n'avaient pas bougé. Les fonctionnements ecclésiastiques étaient identiques, les plaintes émises et reçues dans les assemblées n'avaient pas abouti, les décisions n'avaient pas donné lieu à un infléchissement radical de la situation ecclésiale. Les jeunes, en particulier, n'étaient pas revenus dans les églises… Il est difficile de ne pas accorder crédit à ces constats. Pourtant, si nous devons reconnaître des limites importantes et, sans doute, dirimantes par rapport à une adaptation à la culture sociale contemporaine, des inflexions sont repérables dans le fonctionnement de l'Église catholique. Bien évidemment, cela ne préjuge en rien de leur fécondité possible.

L'organisation actuelle de l'Église catholique romaine continue de présenter des rigidités suffisantes pour contrecarrer une démocratisation réelle. Bien qu'elle ne se définisse plus elle-même comme une société hiérarchique, mais d'abord comme un peuple organisé, l'Église romaine a conservé un modèle de fonctionnement pyramidal, avec une exclusivité conservée par la curie romaine sur les sujets théologiques ou de vie morale. La production de sens et de pratiques en conformité avec les textes fondateurs, Bible et Tradition, est du ressort du Magistère, interdisant pratiquement une prise en charge, sous forme de débats, par les fidèles. On ne saurait y voir un signe purement négatif, tant il est vrai que, dans les Églises de la communion anglicane, par exemple, la démocratisation est source de tensions difficilement surmontables. On pense ici spécialement au délicat sujet de l'homosexualité à propos du personnel ecclésiastique.

Les synodes et assemblées synodales ne mettent donc à la disposition de la « base croyante » que les dispositions pratiques d'accommodement des décisions prises par le Magistère — liturgie, clercs, éthiques sexuelle et médicale —, en laissant ouverts un certain nombre de champs que ce type d'assemblée ne peut traiter. Typiquement, les questions posées par les évolutions sociales et culturelles : pratiques économiques et politiques, inventions et déplacements des dynamiques de la culture, sont absentes des assemblées, vraisemblablement en raison de la technicité et de l'expertise que leur traitement réclame. En clair, les synodes sont des mouvements de redynamisation des fidèles, pour retrouver une base de communication plus forte lorsque le tissu catholique se défait. Mais cette stratégie française permet aussi à ces fidèles de faire pénétrer un certain nombre de plaintes sociales au sein des groupes de discussion. On l'a vu en particulier autour de la question de la fragilisation du lien social.

Il ne faut donc pas chercher, dans les documents d'étape et les textes conclusifs des synodes, de grandes prises de position sur bien des sujets qui affectent directement les catholiques dans leur situation sociale. En particulier, évolution des mœurs sociales et évolutions du paysage religieux, si elles sont mentionnées çà et là, ne font pas l'objet d'une orientation précise.

En revanche, nombre de synodes ont évoqué les restructurations paroissiales, avec leur cortège de remodelages des responsabilités. C'est l'objet du chapitre suivant. Les plans en avaient été évoqués auparavant par les instances de concertation classiques de l'Église. Les synodes les ont entérinés : ils ont donc été des assemblées de réception, c'est-à-dire d'approbation raisonnée des évolutions. Sur ce point, on peut dire que les multiples assemblées synodales ont permis un resserrement des liens entre l'évêque et le peuple qui lui est confié. L'évêque est devenu visible, au-delà des manifestations classiques de notabilité (présence aux grandes cérémonies civiles) et de solennité religieuse (pèlerinages, processions, confirmations). Le discours de repentance tenu par l'évêque de Luçon en avril 2006[20] a eu un retentissement médiatique qui a repositionné l'Église dans le champ sociopolitique. De même, en tant qu'il a impulsé un remodelage d'une carte géographique figée, l'évêque a suscité l'intérêt massif des autorités civiles : les synodes qui se sont attelés à la recomposition du diocèse ont donc favorisé une image neuve de l'Église catholique : un évêque, des structures de concertation, une consultation populaire, autant d'éléments qui ont crédibilisé l'Église diocésaine dans le champ civil.

Un deuxième acquis de cette période synodale, qui se poursuit depuis vingt-cinq ans, est le dépassement des contraintes géographiques. On peut affirmer que les diverses commissions synodales ainsi que les carrefours de plus ou moins longue durée ont contribué à décloisonner la conscience d'une appartenance paroissiale. Désormais, les fidèles qui se sont investis dans les synodes ont une représentation large de l'appartenance catholique. La dimension diocésaine a certainement contrebalancé l'effet classique de transversalité qui était donné par les réseaux (mouvements, groupes de spiritualité, etc.) — mais il faudrait mener des enquêtes spécifiques pour étayer et affiner cette

20. Lors de la célébration, l'évêque de Luçon a reconnu que l'Église catholique n'avait pas toujours appliqué les règles évangéliques, notamment dans l'éducation des jeunes.

prise de conscience. L'Église peut être perçue comme ancrée dans un territoire plus vaste que le clocher de la commune ou du quartier.

Cette prise de conscience peut cependant s'avérer contre-productive du point de vue de l'Église. En effet, l'intensité des relations entre responsables locaux, au niveau diocésain, pourrait conduire à un sentiment accru de dysfonctionnement par rapport à une hiérarchie romaine perçue comme éloignée du quotidien. L'effet de caisse de résonance pourrait conduire à accroître le sentiment de frustration, et mettre en péril la nouvelle stature acquise par l'évêque.

Par ailleurs, il serait utile de poursuivre les enquêtes sur une longue période pour évaluer l'impact du synode diocésain. Au vu de certains contenus de propositions votées, on peut se demander si l'inflation de propositions ne conduit pas à les vider de leur effectivité. Quoi qu'il en soit, l'expérience synodale est un outil qui prend en charge la modification de la carte d'implantation des établissements catholiques, les paroisses. Il joue sur ce plan un rôle direct (validation des recompositions), et un rôle indirect comme nous venons de le voir. Les paroisses ne sortent pas indemnes de l'expérience.

Chapitre 2

Paroisses recomposées

Confrontés à une démographie cléricale en baisse, les évêques des diocèses de France ne sont pas restés inactifs. Dès les années 1980, ils ont cherché à adapter le dispositif territorial et l'organisation de leurs diocèses. Ce mouvement a tranché sans doute pour longtemps le lien qui reliait, depuis le premier Empire, la carte religieuse et la carte administrative de la France. Il est un signe prudent mais ferme du découplage entre la volonté politique des autorités françaises et la vie de l'Église catholique. Nous en retracerons ici les grandes lignes.

L'Église a toujours eu affaire avec le territoire. Bien que la signification étymologique du mot « paroisse » (en grec *paroikia*) renvoie aux « faubourgs », c'est-à-dire à un hébergement provisoire pour des voyageurs venus de l'extérieur de la ville (le thème du chrétien « voyageur », pèlerin, est constant dès les premiers siècles), la paroisse est vite devenue un endroit relativement stable. Les fidèles appartiennent à une paroisse. Il n'est pas lieu, dans le cadre de cet ouvrage, de résumer l'histoire de la paroisse, simplement d'en souligner quelques aspects essentiels. En particulier, que, malgré l'idée primitive d'une vie chrétienne pérégrinante, la paroisse recouvre aujourd'hui, grâce au travail des siècles, une idée de stabilité dans l'espace, de permanence dans le temps.

Le politique a bien enregistré l'intérêt que peut représenter l'encadrement des populations par le lieu de culte. Tout pouvoir politique s'efforce de stabiliser les populations sur le territoire, pour mieux exercer ses prérogatives et assurer une paix à long terme. De ce fait, les autorités religieuses catholiques ont constamment été en dialogue (rapport de force et/ou coopération) avec les autorités politiques, même si ce dialogue revêtait la dimension du conflit ouvert, pour organiser la vie des fidèles dans l'espace.

Le découpage territorial des paroisses catholiques est donc, en la fin du XXe siècle, un héritage de l'organisation napoléonienne. Les diocèses correspondent presque complètement aux départements, les paroisses aux communes. Ainsi les autorités locales sont doublées, en quelque sorte, par des autorités ecclésiastiques. Au préfet est associé l'évêque, au maire le curé. Malgré la Séparation de 1905, l'organisation perdure jusque dans les années 1980. Les fidèles catholiques connaissent la vie chrétienne, la pratique de leur religion, à partir de leur clocher paroissial. Même si l'Église elle-même reconnaît l'insuffisance du dispositif paroissial, et favorise, à côté des activités comme la pratique religieuse, de nombreux mouvements de spiritualité ou à vocation caritative, elle maintient le monopole de la distribution des sacrements dans les paroisses.

PAROISSE ET TERRITOIRE

La sociologie religieuse a longtemps conforté cette approche. Les travaux du chanoine Boulard et du doyen Le Bras ont contribué à asseoir la représentation de fidèles qui fréquentaient plus ou moins l'église paroissiale. Dans cette vue, qui a été largement adoptée par les autorités ecclésiastiques, les fidèles peuvent se compter et être catégorisés. On dénombre les messalisants (qui vont à la messe tous les dimanches), les occasionnels (qui participent aux grandes fêtes religieuses : Noël,

Pâques, Toussaint), les épisodiques, qui ont fait l'objet de plusieurs appellations (chrétiens à roulettes, fidèles des quatre temps), et même les non-pratiquants, qui revendiquent une identité catholique sans en assumer les comportements publics concrets. Les politiques d'animation dans l'Église catholique ont largement pris appui — et continuent de le faire souvent — sur le dispositif paroissial. Après tout, c'est dans les églises que l'on rencontre des catholiques sur lesquels et avec lesquels une action est possible. Comment les atteindre ailleurs ?

La paroisse a été souvent ressentie par les fidèles catholiques comme un dispositif insuffisant, voire contraignant. Nous en verrons plus loin les raisons. Nous ne retracerons pas ce qui a été bien étudié quant aux tensions entre l'Action catholique et les paroisses. Il suffit de rappeler qu'au lendemain de la Première Guerre mondiale, les catholiques de France ont déployé des efforts intenses pour envisager la France comme un « pays de mission » (selon le titre célèbre du livre des abbés Godin et Daniel, en 1943). Les congrès de l'Union des Œuvres, les sociétés de missionnaires diocésains : autant de preuves de la volonté de sortir du cadre paroissial.

Pourtant, il faut se souvenir que la paroisse avait fait l'objet, avant la Grande Guerre, d'un impressionnant investissement militant. Les paroisses distributrices de vie cultuelle et de piété se sont transformées, au tournant des XIXe et XXe siècles, en paroisses d'œuvres : patronages, organisations de jeunesse (scoutisme), encadrement des âges de la vie, investissement dans le caritatif. Dans les régions qui avaient conservé un profond enracinement catholique, comme l'ouest de la France, la vie paroissiale a pu représenter un ensemble tellement cohérent que la vie des habitants se confondait avec la vie du chrétien. Ces lieux où la pratique religieuse pouvait atteindre plus de 90 % de la population ont formé ce qu'on a appelé la « civilisation paroissiale ». Yves Lambert a très bien décrit la fin de ce phénomène, aux causes multiples[21].

21. Yves Lambert, *Dieu change en Bretagne*, Paris, Cerf, 1985.

Si l'on dresse un bilan rapide et quelque peu sommaire de cet aperçu, on notera d'abord l'extraordinaire résistance du modèle d'encadrement des fidèles par les paroisses. Certes, celles-ci ont connu des mouvements de va-et-vient dans la pratique : désaffection et retour en grâce alternent au cours des décennies récentes. Mais elles demeurent le point d'appui et de levier des autorités catholiques. Ainsi, le cardinal-archevêque de Paris, Mgr André Vingt-Trois, peut intituler son intervention à la radio diocésaine (Radio Notre-Dame) du 28 septembre 2009 : « La paroisse, centre et pivot de la dynamique missionnaire ». Des mouvements de revitalisation continuent de naître. On citera, pour le plus récent, les « cellules paroissiales d'évangélisation », mouvement initié par Don Prigi Pirini dans la paroisse Sant' Eustorgio de Milan, qui essaime dans toute l'Europe (en France, la paroisse de Sanary-sur-Mer dans le Var en est la promotrice).

Le cadre paroissial paraît cependant de façon assez récurrente comme une contrainte lourde pour les fidèles. On ne compte plus les publications sur le sujet, ni les tentatives pour s'extraire de ce cadre. La paroisse est ressentie de façon régulière comme une institution lourde, figée, peu ouverte. Le clergé paroissial a souvent fait les frais de l'affaire, et il s'est créé parfois de grandes fractures entre le clergé paroissial, territorial, et les clercs animateurs de mouvements divers (Action catholique).

Mais les mutations de la société française et de son organisation administrative ont sans doute également contribué à accroître ce sentiment pour la période contemporaine.

La société française a en effet repensé ses structures. La création des Régions, l'incitation à fusionner les communes (surtout efficace à partir de la loi Chevènement de 1998), ou, plus pragmatiquement, à créer des structures de coopération intercommunales, dessinent un paysage en mutation lente. La crise, démographique du clergé, qui commence à se faire sentir à partir des années 1980, conduit les évêques à une interrogation anxieuse sur le nouveau découpage territorial des diocèses. Deux logiques se dessinent peu à peu du côté de l'Église de France.

La majorité des diocèses cherche à adapter le dispositif paroissial au personnel clérical existant. On peut aisément prévoir à quinze ans les effectifs du clergé lorsque l'on considère la pyramide des âges et les séminaristes en formation. En effet, il faut environ dix ans pour « produire » un prêtre, depuis les premières inscriptions auprès du Service des Vocations jusqu'à la sortie du séminaire par l'ordination. Il est logique, compte tenu de cette projection sur la décennie prochaine, de chercher à réduire le nombre de paroisses pour que, à l'aide des prêtres existant à cette époque, elles soient toutes desservies. Très logiquement, donc, par la procédure juridique adaptée et après consultation plus ou moins large, l'évêque supprime la grande majorité des paroisses, et en recrée de nouvelles. Dans les villes, les paroisses sont parfois maintenues, et dans les zones moins densément peuplées, les paroisses recoupent souvent les cantons, ou les « pays ».

La deuxième voie consiste en un maintien juridique des paroisses, associé à un regroupement des services dans un centre cantonal. En ce cas, les paroisses sont regroupées en un « secteur paroissial », et les prêtres habitent ensemble dans ce qui devient le chef-lieu du secteur. Par exemple, le diocèse de Créteil (Val-de-Marne ; 1,6 million d'hab.) qui crée 20 secteurs regroupant les paroisses. Les prêtres ne sont plus nommés pour occuper une paroisse, mais sur le secteur. Un responsable du secteur est curé de toutes les paroisses, et il organise la desserte avec les prêtres qui sont présents. D'un point de vue formel, donc, cette deuxième façon de procéder est différente de la première. Nous verrons cependant qu'elle lui ressemble beaucoup, si bien qu'on peut les confondre pour l'analyse. Surtout lorsque nous considérons une autre voie de réforme du dispositif paroissial, celle de Poitiers.

Auparavant, quelques données complémentaires sont nécessaires pour appréhender le phénomène de regroupement des paroisses. Elles sont malheureusement parcellaires. Cependant, on peut projeter une situation sur l'ensemble de la France à partir des chiffres dont nous disposons.

AMPLEUR DES REGROUPEMENTS DE PAROISSES

Dans le rapport que les évêques de France ont présenté à la Nonciature apostolique en 2003, il était indiqué que 42 diocèses (> 22 millions d'hab.) avaient procédé à une redéfinition territoriale, dont 19 avec synodes ou démarche synodale et plus de 10 avec assemblées ou démarches de consultation diocésaine non synodales. De façon très significative pour notre propos, nous citerons le diocèse de Clermont (Puy-de-Dôme, 600 000 hab.), qui publie le document final de son synode en 2000 sur trois points précis : 1) « Les nouvelles paroisses », 2) La « pastorale des jeunes » et 3) « Vocations des baptisés et articulation des responsabilités ». Dans le diocèse voisin de Saint-Étienne (Loire, 750 000 hab.), les « orientations vers l'an 2000 et au-delà » (octobre 1996) adoptent le contenu suivant : 1) Solidarité, 2) Communautés, (qui intègre une nouvelle organisation des paroisses), 3) Ministères, et 4) Formation. De fait, après un grand rassemblement diocésain qui a reçu ce texte d'orientations, l'évêque a publié, en mai 1999, la liste des nouvelles paroisses.

Il convient de se représenter clairement l'ensemble des éléments sur lesquels portent les réformes des diocèses et paroisses. Ils sont au nombre de trois :

– les réformes de structure : elles concernent le gouvernement des paroisses et diocèses ;

– les transformations des acteurs ecclésiaux, avec une animation qui passe d'une exclusivité ecclésiastique à une population diversifiée ;

– les transformations géographiques proprement dites.

La crise affecte la distribution de l'eucharistie : on ne peut plus organiser autant de messes que l'on voudrait. Les autorités décident donc de concentrer les messes dans les centres : chefs-lieux de canton, villes moyennes. À Montpellier, par exemple (890 000 hab.), les regroupements se sont appuyés sur la répartition des services scolaires (emplacement des établissements) et des services publics (santé, administration). Les prêtres habitent désormais dans ces centres, et rayonnent, autant qu'il leur est possible, dans les églises éloignées. La conclusion logique est de réduire le nombre de paroisses, pour en composer de nouvelles avec un ou deux centres. À titre d'exemple, voici quelques données :

Diocèse	**Département**	**Nb de paroisses**	**Habitants (en milliers)**	**Hab./ paroisse ancienne**	**Hab./ paroisse nouvelle**
Angers	Maine-et-Loire	418 → 85	733	1 753	8 624
Bayeux-Lisieux	Calvados	724 → 51	648	895	12 706
Bayonne	Pyrénées-Atl.	523 → 77	600	1 147	7 792
Beauvais	Oise	706 → 45	766	1 085	17 022
Besançon	½ Doubs + Hte-Saône	771 → 61	553	717	9 066
Chartres	Eure-et-Loir	389 → 84	408	1 049	4 857
Clermont	Puy-de-Dôme	521 → 32	604	1 159	18 875
Montpellier	Hérault	367 → 67	897	2 444	13 388
Saint-Étienne	Loire	244 → 24	729	2 988	30 375

Lorsque les paroisses sont fusionnées, les anciennes paroisses deviennent souvent des « relais d'Église ». Ce sont de petites communautés, chargées de la vie chrétienne locale : ouvrir et fermer l'église, rendre visite aux gens, chapelet, peut-être assurer un peu de catéchèse. C'est dans ce contexte qu'il faut comprendre que, depuis trente ans au moins, on a organisé des ADAP : « Assemblées dominicales en l'absence de prêtre ». Leur déroulement se calque sur la messe, avec distribution de la communion mais sans Prière eucharistique. Elles sont souvent apparues de façon négative : la messe, moins le prêtre. C'est la raison pour laquelle les évêques les ont peu à peu abandonnées (*cf.* chapitre 3). À l'exception des obsèques, pour lesquelles des équipes de laïcs assurent de plus en plus une célébration locale, les sacrements de la naissance (baptême) et de l'amour (mariage) sont regroupés au centre. Dans le Vercors, par exemple, les baptêmes ont lieu une fois par mois dans une église, pour le secteur, et la messe dominicale y est supprimée.

Au centre de la paroisse, le curé constitue un conseil pastoral, ou une « EAP », Équipe d'animation pastorale. Elle est formée de délégués des « relais », parfois de gens choisis par le curé pour une compétence ou une position particulière, parfois de fidèles élus. Il est fondamental de percevoir que, même dans le cas où cette équipe a un très bon fonctionnement, elle est constituée d'individus ; la cohésion en est assurée par la personnalité du curé qui préside. Il y a de nombreux exemples où le changement du curé conduit à une modification de la qualité de travail de l'équipe. À l'EAP est adjoint un conseil économique. Parfois, lorsque les finances le permettent, un laïc rémunéré permanent en pastorale est présent. S'il se trouve un diacre, il est associé au travail.

En l'état actuel des études sur le catholicisme, les données numériques font défaut[22]. Il serait hasardeux de proposer des chiffres pour

22. Colette Muller et Jean-René Bertrand, géographes, auteurs de *Où sont passés les catholiques ?* (Paris, Desclée de Brouwer, 2002), ne fournissent pas de données chiffrées sur ce point, malgré la qualité reconnue de leur travail.

dénombrer les bénévoles de paroisse. Malgré cette carence importante, on peut raisonnablement appliquer un calcul simple : sur une paroisse de 1 000 pratiquants, entre 200 et 400 sont inscrits dans un groupe ou une équipe (de tout type : décoration de l'église, catéchèse, prière, solidarité, Action catholique,...). Chaque équipe ayant un responsable plus ou moins explicite, on dispose ainsi d'un groupe de « responsables » ou délégués d'environ 80 personnes[23].

PRODUIRE ET DISTRIBUER LES « BIENS SYMBOLIQUES »

La paroisse devient donc diversifiée. Qui se promène en France et cherche l'accès à une paroisse se dirige vers une église, lit le panonceau qui informe de la vie paroissiale, et s'efforce de se représenter la vie paroissiale. En apparence, tout se ressemble : une EAP, un ou des prêtres, des regroupements, une carte du secteur paroissial ou une liste de communes qui sont desservies. Les différences existent malgré tout, qu'il est difficile d'imaginer tant qu'on n'a pas eu affaire à la paroisse en tant qu'habitant ou en tant que fidèle catholique. Nous avons souligné deux possibilités pour la réorganisation, en affirmant que, finalement, les deux voies : maintenir les paroisses, ou les fusionner, revenaient au même. Il existe cependant une deuxième (troisième) voie, qui s'est mise en place depuis le milieu des années 1990 dans le diocèse de Poitiers. Elle diverge sensiblement, bien qu'un observateur extérieur, ne disposant pas des clés de lecture adéquates, puisse croire que cette façon de réformer s'avère très voisine de la première.

Nous aborderons la question en adoptant une manière sociologique de lire la vie religieuse. On pourrait dire que les fidèles qui se

23. Données recueillies par nous de façon empirique en différentes paroisses.

rendent dans une église, ou qui participent à leur manière à une assemblée de croyants de leur religion (pèlerinage, culte, formation, prédication, piété), retirent un certain bénéfice de cette participation. Ils obtiennent des « biens », ou tirent profit d'un « service » qui leur est rendu. Par exemple, la participation à un groupe de prière permet à une personne de mieux affronter les difficultés de sa vie ; ou à un disciple d'un prédicateur de recevoir de nouveaux éclairages pour orienter sa vie pratique. On appelle habituellement « bien symbolique » ce que le fidèle reçoit. La plupart du temps, ces biens symboliques ne sont pas repérables par l'observateur. On déduit leur existence des propos tenus par les fidèles, qui disent à leur façon le bénéfice qu'ils retirent de leur participation, ainsi que de la persistance de leur fidélité.

Une brève application à la pratique dominicale catholique l'illustrera. Le fait de venir à la messe dimanche après dimanche, alors qu'on pourrait se livrer à une activité sportive, signifie clairement qu'un bien supérieur à l'activité sportive est obtenu par le fidèle. Nous ne savons pas *a priori* lequel. La désertion de la pratique dominicale est *a contrario* un signe possible d'une perte de crédibilité des biens offerts dans les églises par les curés. À défaut d'information complémentaire, nous ne savons qu'une chose (pour le monde actuel) : ce n'est pas la distribution de l'hostie consacrée qui est en cause (hormis le cas des divorcés-remariés ; *cf.* chapitre 4). Si ce n'est pas l'hostie, il faut chercher ailleurs, en interrogeant les fidèles. Parmi les hypothèses possibles, ces informations obtenues au cours des carrefours tenus par les fidèles lors des synodes : la liturgie est figée, éloignée de la vie de tous les jours. Le bien symbolique est donc la qualité de l'événement vécu dans l'église (la liturgie).

Il n'est pas si simple de déterminer objectivement la liste des biens symboliques. Dans tel cas, on dira que le fidèle gagne une assurance sur l'au-delà ; dans tel autre cas, il obtient un surcroît de bien-être psychologique. Et ainsi de suite. On comprend donc que l'observation doive être fine, s'appuyant sur l'histoire et les analyses sociales. En ce qui concerne les regroupements paroissiaux, on peut proposer une présentation qui s'appuie sur la structure de l'Église catholique, composée des laïcs et des clercs.

BIENS CLÉRICAUX, BIENS BAPTISMAUX

En partant de la construction du concile de Trente, nous pouvons percevoir deux types de biens symboliques : d'une part les « sacrements », d'autre part les formes de regroupement des fidèles. Les premiers sont considérés selon leur fréquence : sacrements réitérables, et sacrements uniques. Le prêtre diocésain est au centre du dispositif avec l'eucharistie (la messe), en lutte avec le clergé régulier pour la pénitence (confessions[24]) ; ces deux biens symboliques rythment la vie des fidèles. Il est encore en position centrale pour le baptême et l'extrême-onction ainsi que pour le mariage (biens uniques). En revanche, il cède le pas à l'évêque pour la confirmation et l'ordination. La paroisse, chargée de tenir les registres de vie chrétienne, détient donc, en la personne du curé, un monopole de distribution de ces biens symboliques quotidiens, ainsi que des biens des « passages » : naissance, amour, mort.

Mais les fidèles disposent du contrôle, pour une large part, dès qu'il s'agit des biens symboliques de socialité (ils se reçoivent et sont produits en groupe ; réunions de confréries diverses, ainsi qu'action

24. La confession a une histoire mouvementée. Comme il y a aveu des fautes, les prêtres qui les reçoivent sont tenus au secret ; mais s'ils demeurent sur place, ils finissent par ne plus pouvoir vivre naturellement avec les gens. Pour cette raison, on faisait souvent appel au clergé régulier qui confessait à l'occasion de missions. Aujourd'hui encore, il est très difficile à un psychologue de s'installer dans un petit bourg ; il réside de préférence dans une grande ville, pour raison d'anonymat de sa clientèle.

caritative[25]) et de piété (majoritairement autour de la Parole divine : Bible et textes de spiritualité au sens large) : prières et processions, équipes d'Action catholique ou de réflexion, et toutes formes de regroupements des fidèles qui n'ont pas besoin de sacrements. La catéchèse des enfants et des jeunes entre dans cette catégorie, même si elle vise l'accès aux sacrements. Parce que ces biens sont largement mis en œuvre par les fidèles (même lorsque le clergé est associé ou prié d'en assurer la présidence), nous les appellerons « biens baptismaux », c'est-à-dire fondés sur le baptême. En effet, il suffit d'être baptisé pour les mettre en œuvre (théoriquement, il faut avoir reçu les trois sacrements de l'Initiation chrétienne : baptême, confirmation, eucharistie).

La crise démographique du clergé, en France, met à mal le circuit de distribution, tant pour les sacrements que pour les biens baptismaux. Les réformes paroissiales s'efforcent donc de remédier à cette crise, grâce aux outils mis en place par le concile Vatican II. Au premier plan, il faut mentionner le renversement de l'imaginaire de l'Église, passée de « société parfaite organisée hiérarchiquement » à un « peuple de Dieu » structuré par des ministères.

Deux modèles de réorganisation sont donc possibles, comme nous l'avons mentionné. D'une part un recentrement géographique, qui est une concentration en vue de maintenir un espace humain justifiant la position centrale du curé, avec un maintien du monopole de distribution des sacrements réitérables — les biens baptismaux suivant plus ou moins le mouvement de regroupement. Ou bien, comme c'est le cas à Poitiers (750 000 hab.) et quelques autres diocèses, une transformation de l'équilibre entre biens symboliques ecclésiastiques (sacrements) et biens symboliques baptismaux.

25. L'action caritative est une bonne illustration de ce type de biens baptismaux ; l'Église catholique le reconnaît d'ailleurs fort bien lorsqu'elle en charge tout spécialement les laïcs. En effet, on peut comprendre qu'il s'agit, pour les fidèles, d'aller vers ceux qui sont en voie de désocialisation ; ce faisant, ils « distribuent de la socialité ».

On comprend tout de suite qu'il n'est pas question, pour Poitiers, de remettre en cause le monopole de distribution des sacrements, qui demeure confié au clergé (augmenté des diacres), mais de dissocier l'exercice de ce monopole de la distribution des biens baptismaux. Les appellations que nous avons choisies pour nommer (provisoirement peut-être) ces deux modèles typiques de l'Église catholique contemporaine s'efforcent de tenir compte de ce décalage : « modèle monopolistique » pour le premier, « modèle coalescent » pour le second. Le premier qualificatif fait référence à la préoccupation majeure qui inspire les réformes : maintenir tant que faire se peut l'équilibre ancien entre les deux distributions de biens symboliques. Le deuxième qualificatif insiste sur le principe moteur du nouvel équilibre entre les deux.

LE MODÈLE MONOPOLISTIQUE

Lorsque au sortir de la Révolution française il s'agit de pacifier le pays, Napoléon se charge de restaurer à son profit la paix religieuse. L'encadrement du peuple est possible si le clergé est réinstallé dans son autorité à l'égard de ses ouailles. Il faut donc, nous l'avons dit, un curé par commune. La reprise du recrutement sacerdotal permet à ce programme de se réaliser. Les laïcs conservent toutefois une place dans l'animation de la vie chrétienne catholique (fabriques, mouvements et confréries). La loi de Séparation bouleverse l'équilibre, mais la pacification au retour de la Grande Guerre, au XXe siècle, permet la reprise du schéma ancien. Le recrutement sacerdotal augmente cependant considérablement, au point que les prêtres finissent par occuper bon nombre de places qui étaient autrefois occupées par des laïcs ou des religieuses (48 000 prêtres en France dans les années 1950). Ils sont enseignants, aumôniers d'équipes d'Action catholique, animateurs de jeunes, directeurs de patronages, etc. Le rôle d'animation de la vie paroissiale ou extraparoissiale devient peu à peu largement dépendant de leur présence.

Le vieillissement du clergé, postérieur et consécutif à la crise du recrutement (dès les années 1950), ne s'accompagne pas, pour de nombreuses raisons, d'une transformation de ce modèle de fonctionnement, qui a concentré dans les mains du curé l'impulsion et la prise de décision. Au monopole de la distribution des sacrements, rôle officiel et légitime (selon le concile de Trente, que n'a pas remis en cause le concile Vatican II), s'est ajouté le monopole de la socialité et de la piété : présence d'un prêtre lors de toute assemblée de prière ou pour l'animation des équipes de vie chrétienne, pour la transmission catéchétique, pour la gestion matérielle de la paroisse, pour présider aux œuvres caritatives.

Ce modèle est tenable à condition que le prêtre, omniprésent, ne cherche pas à « régenter » la vie des fidèles. Les célèbres recteurs bretons le faisaient pourtant, lorsqu'ils surveillaient les loisirs des jeunes en leur interdisant vigoureusement les bals. Les interventions des curés pouvaient porter autrefois sur la scolarisation des enfants, la fréquentation des cabarets, et autres modes de vie. L'anticléricalisme a pris racine sur ce trop-plein de contrôle social[26].

Les regroupements en secteurs paroissiaux posent donc un cas de conscience : puisque le clergé ne peut plus assurer concrètement sa présence dans toutes les activités, comment s'organiser pour maintenir le monopole ? La réponse est claire : le curé ne peut plus assurer sa présence, mais c'est lui qui choisit les personnes qui vont le remplacer — ce qui signifie : le représenter. Ainsi, le modèle est monopolistique parce qu'il maintient le clergé, grâce au processus de nomination et d'organisation, dans les niveaux décisionnaires. Au sommet de la hiérarchie, l'évêque, qui a choisi les différents membres laïcs des conseils (économique, de pastorale, et autres).

26. Philippe Boutry, *Prêtres et paroisses au pays du curé d'Ars*, Paris, Cerf, 1986 ; spécialement chap. III, p. 327-376.

Un effet pervers de cette situation se rencontre parfois chez les prêtres : le maintien d'une organisation paroissiale dont le curé est le pivot signifie que tout prêtre est appelé à assurer les fonctions de curé, même s'il n'en a ni le goût ni la compétence. Les évêques ont tenté d'y remédier, en adoptant la formule juridique du « curé-modérateur » : les prêtres du canton sont regroupés dans un même presbytère, avec un des leurs comme responsable (le modérateur), chacun faisant fonction de curé sur une partie des paroisses. Concrètement, les prêtres forment donc un miniconseil de gouvernement, qui se superpose aux conseils comprenant des laïcs.

La structure de gouvernement paroissial se retrouve au niveau du diocèse. Des conseils diocésains (CD de pastorale, de la catéchèse) qui intègrent des laïcs et des diacres (parfois des religieux) coexistent avec les structures classiques : conseil presbytéral, conseil des doyens. Des conflits de légitimité apparaissent. Il n'est pas rare de relever des tensions : les laïcs trouvent que des prêtres font obstruction tandis que les prêtres se plaignent du « pouvoir » des laïcs, et des diacres dont la légitimité humaine est supérieure à la leur[27]. Certaines nominations de prêtres sont décidées, par exemple, dans les conseils où les laïcs sont majoritaires, et les prêtres ont le sentiment de ne plus être les collaborateurs directs de l'évêque. Le principe de centralisation diocésaine fait que certains domaines de la pastorale sont décidés au diocèse ou dans les services communs, et non plus par le curé de la paroisse. C'est le cas pour les parcours de catéchisme, pour les événements (confirmation des jeunes, des adultes), pour les manifestations importantes auxquelles les paroisses peuvent être priées

27. Un diacre est le plus souvent marié, père de famille, indépendant financièrement. Il est souvent très connu localement, parce qu'il fréquente la vie associative (écoles, sport, municipalité). Le salaire d'un prêtre varie selon les diocèses : au maximum 1 500 €, très souvent moins de 1 000 € par mois ; il n'a pas d'enfants, ni d'épouse, et ne peut pas s'investir dans la vie politique locale.

fermement de participer (assemblées diocésaines notamment). La centralisation affecte aussi fortement la gestion financière : les investissements ou désinvestissements sont décidés au niveau diocésain.

La situation de tous ces conseils dans le modèle monopolistique repose sur une sélection spécifique de leurs membres : il est essentiel de percevoir combien ces équipes diverses sont formées d'individus que le hasard a mis ensemble. Ils se découvrent en recevant leur responsabilité, et une partie de l'énergie déployée pour la pastorale s'épuise en frictions entre les personnes. Le deuxième modèle part de ce constat, pour proposer une autre vision.

LE MODÈLE COALESCENT[28]

La question centrale qui organise le modèle coalescent est celle de la vie de foi des fidèles, c'est-à-dire les biens symboliques baptismaux. Lorsque la crise démographique du clergé empêche de reconduire le modèle paroissial traditionnel, comment réformer ?

> Il devient manifeste que la question urgente n'est pas dans le nombre ni dans la taille des paroisses. Elle réside dans leur fonctionnement. Le quadrillage paroissial est né pour assurer une proximité. Le prêtre en a été l'animateur et c'est tout à son honneur. Ce modèle est aujourd'hui intenable[29] [...].

28. Le mot « coalescent » est emprunté à la physique : la coalescence est un phénomène dans lequel des substances identiques ont tendance à se réunir. Ici, ces « substances » sont les laïcs au titre de leur baptême.
29. Albert Rouet, *Vers un nouveau visage d'Église*, p. 30 ; *in* A. Rouet, É. Boone, G. Bulteau, J.-P. Russeil, A. Talbot, *Un nouveau visage d'Église ; l'expérience des communautés locales à Poitiers*, Paris, Bayard, 2005.

La réponse tient en ceci : puisque les fidèles sont habitués aux biens symboliques baptismaux, il faut fonder la nouvelle organisation sur eux, et maintenir à leur disposition les biens symboliques sacramentels.

En apparence, les équipes locales sont identiques : il y a des EAP — ici nommées : équipes locales d'animation —, les paroisses trop petites ne sont plus desservies pour la messe du dimanche, et des laïcs en assurent la vie quotidienne, le niveau diocésain prend de l'importance, et les prêtres sont en résidence pour un secteur. Mais les paroisses ne sont pas supprimées ni regroupées.

La différence fondamentale tient donc en ce que la formation et l'animation des communautés chrétiennes locales ne s'appuient pas sur les mêmes dynamiques. Puisque le bien symbolique baptismal est constitué de *socialité* et de *piété*, les responsabilités sont exercées à partir de ces deux valeurs :

> La constitution des équipes locales d'animation se fait à partir d'appels lancés à des personnes, selon leurs charismes, leurs attentes et leurs talents. Celles et ceux qui consentent à être candidats aux postes de délégué pastoral ou de délégué à la vie matérielle sont élus par l'ensemble de la communauté. [...] Les autres acteurs sont appelés en raison de leur capacité à assumer une responsabilité précise. L'équipe est ainsi constituée de personnes qui ne se sont pas choisies mais qui sont tenues de se lier ensemble pour le bien de la communauté[30].

Ainsi, une « équipe locale » ne se constitue qu'à partir de cinq personnes, qui évaluent d'abord leur capacité à former une équipe : un an de travail préparatoire ensemble, en prenant modèle sur les équipes déjà existantes. Ce travail comprend les trois responsabilités baptismales : service de la prière, de la charité, de l'annonce de l'Évangile ; à

30. Gisèle Bulteau, *Les communautés locales, un chemin d'humanisation*, p. 52-53, *in* A. Rouet, É. Boone, G. Bulteau, J.-P. Russeil, A. Talbot, *Un goût d'espérance ; vers un nouveau visage d'Église II*, Paris, Bayard, 2008.

cela s'ajoutent une coordination et un service de gestion. Ces cinq personnes s'engagent pour une durée de trois ans, renouvelable une fois, à assumer solidairement les responsabilités dévolues à chacun. Participer à des rencontres de secteur (avec d'autres équipes et/ou d'autres membres ayant même tâche), animer la vie de l'équipe en lisant la Parole de Dieu (Bible), accueillir le prêtre envoyé par l'évêque pour le secteur : telle est la vie habituelle d'une équipe.

Après l'année d'expérimentation, l'équipe est officiellement installée : au cours d'une liturgie, l'évêque confie la charge en demandant à tous les membres de saisir le bâton épiscopal simultanément. Lorsque c'est un délégué (vicaire général, épiscopal), les membres posent leurs mains sur l'Évangile, ou sur la croix.

L'équipe est donc présente à la vie locale dans sa dimension collégiale. Elle répond aux demandes des habitants, organise ou veille à organiser : catéchèse, visite aux malades et isolés, prière du dimanche (qui n'est plus une ADAP, mais une assemblée de prière de la communauté), etc. Elle dispose de son budget, négocie avec les autorités locales, s'accorde avec les autres équipes du secteur. Elle est donc responsable de la distribution des biens symboliques baptismaux.

Le prêtre est responsable de la répartition des biens sacramentels pour les fidèles de son secteur. Au cours de la cérémonie d'installation de la nouvelle équipe, le prêtre est envoyé officiellement par l'évêque à cette équipe : « Vous êtes envoyés à cette communauté locale. » Il exerce donc son ministère auprès des équipes et communautés locales de son secteur. Il décide en dernier ressort de la distribution des biens sacramentels, et veille sur l'articulation des équipes les unes aux autres, et avec le diocèse.

Les services diocésains ont réorienté leur action. Par exemple, au lieu de procéder à des réunions des trésoriers à l'évêché, avec l'économe diocésain, ce dernier organise des rencontres localement. Les réunions concernant tout le diocèse sont déconcentrées — sauf nécessité. Quelques monastères et communautés religieuses ont accepté de servir de point d'appui spirituel pour les équipes locales, qui s'y rendent pour une retraite, une journée de prière, une rencontre locale. On peut dire que, dans ce cas de réforme paroissiale, la « délocalisation » n'est pas la remontée des actions au niveau du diocèse, mais le soutien diocésain aux actions locales. Ce soutien prend par exemple la figure d'une équipe de « visiteurs », chargés d'aider les équipes locales. Ils les visitent, mais n'ont pas de responsabilité opérationnelle. Dans les réunions diocésaines, ils n'ont pas pouvoir de décision.

Mgr Rouet, archevêque de Poitiers, résume ainsi les options du diocèse :

> Autant le système paroissial place le prêtre au centre, les laïcs « tournant » autour de lui — ce qui certes donne une place sociale traditionnelle au prêtre, mais risque de conforter son ego —, autant, comme il fut déjà dit, avec les communautés locales c'est le prêtre qui « tourne », allant de l'une à l'autre. Il retrouve ainsi une certaine (mais chez nous relative) « itinérance » conforme à la manière apostolique dont il a été ordonné[31].

Le modèle coalescent réorganise les distributions des biens symboliques sacramentels et baptismaux, tandis que le modèle monopolistique reproduit un équilibre de distribution à l'identique. Dans les deux types de réformes, une large concertation soutient la décision. Cependant, le modèle coalescent pose une fondation décisive qui distingue par la suite l'organisation et la vie des communautés locales : toute communauté et toute équipe sont fondées sur la mémoire commune d'un accord créé pour assumer les tâches. Dans le modèle monopolistique, cet accord n'est pas requis, et les acteurs ecclésiaux ne peuvent se représenter leurs fonctions qu'à partir du modèle clérical qui a assuré la vie paroissiale.

31. Albert Rouet, *Vers un nouveau visage d'Église*, *op. cit.*, p. 56.

La vie des paroisses est donc en trompe l'œil. Si les fonctions classiques — catéchèse, liturgie, sacrements — sont assurées dans la plupart, les modalités d'exercice sont en train de basculer. Les regroupements nécessités par la démographie du clergé se poursuivent aujourd'hui selon deux grandes modalités. D'une part, la poursuite d'un modèle monopolistique, dans lequel la distribution des biens symboliques légitimement assurés par les fidèles (biens baptismaux) se trouve étroitement contrôlé par un clergé réduit mais « remonté » à un niveau central. Une autre option, qui réinstaure une double distribution et assure une cohésion par coalescence, en posant comme principe fondateur le dialogue et le travail d'équipe. Qui dérogerait à cette dimension devrait sans doute « sortir » du réseau, et perdre toute légitimité.

Il ne suffit donc pas de décider ou d'organiser le regroupement géographique des paroisses pour entreprendre une recomposition du système catholique. L'étendue de la paroisse n'est pas un critère qui définit autre chose que les frontières matérielles du pouvoir sacramentel. Mais cette limite est alors à usage interne, elle vise à orienter les actions pastorales. L'examen des deux modèles en cours d'élaboration suggère que la réorganisation de la distribution des biens religieux symboliques est le cœur de l'opération. Nous sommes remontés jusqu'au concile de Trente, qui place le prêtre au centre du réseau, pour comprendre la divergence possible. Pourtant, ce fameux concile du XVIe siècle avait lui-même échafaudé cette double distribution. Les conditions étaient certes largement différentes de celles d'aujourd'hui. La Réforme sévissait, et a contribué par la suite à scinder l'Europe en deux obédiences. En réalité, Trente avait très vraisemblablement entrevu que la revendication antiromaine des Réformés portait sur le clergé, et qu'il fallait maintenir cette double distribution, pour faire droit à l'exercice, par les fidèles, de leur autonomie face au clergé.

Il est à se demander malgré tout si l'espace français, entendu sous la double valeur de territoire national et ensemble social, n'est pas en train d'être lui-même soumis à de fortes contraintes de réorganisation. Prétendre que la paroisse ne serait qu'un fait religieux catholique, et que le remodelage de l'espace d'intervention de l'Église catholique en France serait dépendant de critères purement internes est une vue de l'esprit. Certes, les évêques et curés agissent à partir des besoins qu'ils ont identifiés. Ils prennent toutefois en compte les évolutions des modes de vie et l'intense réorganisation de l'habitat qui a eu lieu depuis cinquante ans, et qui est sans doute amenée encore à évoluer sous la pression des modes de transport. La réorganisation qu'ils mettent en œuvre est une réponse indirecte à la façon dont les Français réintègrent la dimension spatiale de leur vie quotidienne. La juxtaposition des deux modèles a donc une portée plus large. Il faudra, dans l'avenir, examiner soigneusement les répercussions de chacune des orientations sur les choix politiques et administratifs du pays tout entier. Un fait religieux est toujours corrélé à un fait social.

Le caractère récent de ces choix interdit de dire à l'heure actuelle quel est celui qui trouvera sa fécondité dans l'avenir.

Il est pourtant un lieu où la différence entre les modèles se cristallise, la messe dominicale. En effet, si la diminution du nombre de prêtres induit une baisse du nombre de messes, que devient le fameux ancien commandement de l'Église : *Les dimanches messe entendras et les fêtes pareillement*[32] ?

32. *Catéchisme du diocèse et de la province de Paris*, Paris, De Gigord, 1934, § 280, p. 86.

Chapitre 3

Le dimanche, la messe

La fécondité des restructurations paroissiales et diocésaines n'est peut-être pas perceptible ni évaluable tout de suite ; on manque d'outils pertinents. Mais il est toujours loisible d'interroger leur impact sur les assemblées dominicales, c'est-à-dire sur le cœur de la pratique catholique : la messe du dimanche. Or, de ce point de vue, les réformes menées sur la base du modèle monopolistique conduisent à envisager « le dimanche en déroute[33] ». Plusieurs dimensions concourent en effet à décentrer le dimanche de la vie des fidèles, contrairement à la doctrine officielle de l'Église catholique romaine.

Certainement, le premier aspect est la raréfaction des eucharisties due à la fois au manque de prêtres et à la centralisation qui s'ensuit. Ramenée au centre du canton, la messe devient moins accessible parce que moins visible. Il faut connaître les horaires, se déplacer, retrouver une assemblée qui n'est plus constituée seulement de gens de connaissance. Or, nombre de fidèles sont plutôt âgés, ce qui n'est pas sans conséquences sur leur propension à se déplacer, qui s'amenuise avec l'âge. Un paradoxe vient encore brouiller les cartes du jeu. En bonne logique, moins de prêtres signifie qu'ils sont mieux connus ; on a toujours affaire au même. Mais la centralisation signifie que le prêtre doit

33. François Wernert, *Le dimanche en déroute ; les pratiques dominicales dans le catholicisme français au début du 3e millénaire*, Paris, Médiaspaul, 2010.

parcourir plus de distance, et qu'il est dispersé sur plusieurs communautés humaines ; donc, on le connaît moins bien ! La centralisation augmente la dynamique relationnelle, avec des assemblées plus nombreuses, mais elles sont plus hétérogènes et lointaines.

Le regroupement des messes sur le centre paroissial est compensé, en général, par le maintien de messes sur les lieux périphériques. Une messe est habituelle au centre, aux environs 11 h 00 le dimanche matin. Puis deux autres messes peuvent être célébrées à tour de rôle pour compenser la distance. Une fois par mois dans tel bourg, en alternance avec d'autres villages. On tient compte des habitudes locales : fête patronale, fête des catéchismes, scoutisme ou autre. Les rythmes locaux ne sont donc plus hebdomadaires ni réguliers. Le bouche à oreille supplée parfois, mais, au bout de quelques années de ce régime, les fidèles qui ne se déplacent pas au centre perdent le rythme. L'hebdomadaire devient événementiel :

> La non-prise en compte cohérente des nombreuses petites entités paroissiales, les réticences des personnes à se déplacer ont considérablement appauvri le tissu ecclésial. La liturgie est sortie de son espace-temps habituel régulier. La temporalité et la « demeure » liturgique ont beaucoup changé[34].

C'est donc un déplacement sensible des critères de fidélité que les catholiques de ces diocèses éprouvent. L'obligation dominicale est constamment rappelée, mais les conditions n'en sont pas réunies. Les fidèles sont amenés à faire un choix entre un discours immuable et leur vécu pratique, situation qui ne peut que disqualifier le discours lui-même et remettre en cause sa crédibilité et celle de ceux qui le tiennent — à savoir l'Église elle-même. Tout cela serait sans conséquences notables si l'institution proposait d'autres modes de pratique, mais on les cherche en vain : quels sont les nouveaux repères d'adhésion concrète ?

34. François Wernert, *Le dimanche en déroute*, *op. cit.*, p. 354.

QU'EST-CE QUE LA MESSE DU DIMANCHE ?

Tout cela pourrait ne relever que d'une erreur de gouvernement, que l'on rectifierait à moindres frais. Il suffirait que les évêques s'en donnent les moyens, en suscitant, comme on le voit çà et là, d'autres modes de rassemblement. Dans les années 1970 et 1980, les ADAP — assemblées dominicales en l'absence (ou « en attente ») de prêtre — ont fait florès. Concrètement, il s'agissait de suivre entièrement le déroulement de la messe, trait pour trait, en faisant l'impasse sur ce qui est propre au prêtre : la « prière eucharistique », qui comprend le « récit de l'institution » (autrefois nommé : consécration). On les a fréquemment accusées de « singer » la messe, et de s'accommoder trop facilement de l'absence du prêtre, de favoriser une certaine « paresse » à se rendre au chef-lieu (au centre). Quoi qu'il en soit, peu soutenues à partir de la fin des années 1980, elles disparaissent progressivement.

La question de la messe dominicale ne se réduit pas à une simple obligation de moyens ou de résultats. Réussir à envoyer les fidèles à la messe résulte d'une subtile alchimie, que nous allons examiner maintenant.

François Wernert s'interroge sur deux éléments complémentaires à la question du dimanche : l'assemblée, et la liturgie. La sociologie est plus familière du premier point, moins du deuxième. Mais il n'est pas sans intérêt de considérer le point de vue de l'auteur, qui décompose la problématique de la pratique dominicale en trois dimensions :

– une problématique liée au rassemblement, c'est-à-dire à la mise en œuvre effective d'une socialité des fidèles ;

– une problématique liée au contenu de la socialité, qui est la liturgie ;

– une problématique liée au temps et à sa gestion, qui porte sur le jour de la semaine (dimanche) et la périodicité du rassemblement.

Et, de fait, on ne peut évoquer vraisemblablement l'appel doctrinal à fréquenter la messe le dimanche, chez les catholiques romains, sans examiner les composantes implicites de cet appel. Autrement dit, ce que les fidèles catholiques nomment « obligation dominicale » est un composé des trois événements à la fois.

Il serait possible d'imaginer, par exemple, des rassemblements du dimanche, avec un autre contenu d'adhésion croyante. On a tenté parfois, dans certains diocèses, d'organiser des assemblées avec la messe, une catéchèse et un repas communautaire ; les rassemblements comportent donc une dimension de *socialité* plus marquée que la seule messe, puisqu'il s'agit de clore une assemblée sur la nourriture prise en commun : les gens viennent-ils pour la messe, ou pour le repas ? Quant à adopter l'idée d'une assemblée qui soit seulement catéchétique (sur le modèle de l'École du dimanche protestante), elle a des références dans les pays où les prêtres sont très éloignés (Afrique par exemple).

On pourrait envisager, aussi bien, que le contenu du rassemblement soit une forme de piété qui ne soit pas de la liturgie, mais plutôt un bricolage dévotionnel qui puise dans le riche passé des pratiques ecclésiales : « adoration eucharistique », récitation du chapelet, liturgie des Heures (la forme contemporaine du bréviaire, popularisée par les revues comme *Magnificat* et/ou *Prions en Église*), etc. La liturgie n'est certes pas un simple bricolage, elle est une mise en scène. Le déroulement de la messe suppose un cadre (dimension du décor), des acteurs (dimension de théâtralité), un déroulement (dimension scénario). C'est la raison pour laquelle il est difficile de la remplacer par une juxtaposition de pratiques. La liturgie est théâtrale.

Nous avons un exemple de pratiques de piété différentes, même autour de la messe. Dans l'histoire récente de l'Église, juste avant le concile Vatican II, les fidèles allaient communier à la première messe du matin, pendant un temps très court et selon une dévotion entièrement individuelle, puis retournaient « assister » à la messe du curé, où ils entendaient la prédication mais ne communiaient pas. Autre façon de procéder, on peut conserver la messe (eucharistie), mais la situer à un autre jour de la semaine, selon les circonstances. Il est vrai qu'il est encore plus difficile de connaître les horaires de messes en semaine que ceux du dimanche.

La cohésion de l'ensemble est donc de l'ordre d'un accord historiquement provisoire, susceptible d'être remis en cause sur chacun des pôles. Il n'est pas étonnant, de ce fait, que les déplacements géographiques conduisent à une fragilisation décisive de cet accord. Mais la fragilisation de la pratique religieuse peut provenir simplement de facteurs exogènes qui atteignent l'un des trois membres de l'équation. C'est en effet la conclusion à laquelle parvient F. Wernert à l'issue d'une longue enquête :

> Les trois signifiants de la trilogie sont très affaiblis. Les signifiés du « dimanche » sont majoritairement hors champ ecclésial ; compte tenu des options prises en faveur des regroupements, les signifiés « assemblée » sont eux aussi réduits, *idem* pour les signifiés « eucharistie » [...] Tous les binômes dimanche-eucharistie, dimanche-assemblée, assemblée-eucharistie, sont distendus. Ceci explique aussi l'éclatement de la trilogie[35].

Le déroulement liturgique pose de son côté un certain nombre de problèmes, que les fidèles expriment, dans les consultations synodales, sous différentes formes. On trouve tout d'abord des expressions sur la théâtralité de la liturgie : « ennuyeux », « figé », « peu vivante ». Selon l'enquête Bayard réalisée en février 2006[36], le risque de routinisation de la liturgie est réel : « faute de temps, l'équipe liturgique se réunit peu et brièvement, souvent dans une atmosphère de lassitude liée à la reproduction répétitive[37] ». D'une durée moyenne d'une heure, la messe dominicale recourt à un rituel dont s'écartent un peu, sur des points

35. François Wernert, *op. cit.*, p. 117-118.
36. Enquête réalisée à la demande du pôle « liturgie, paroisse et catéchèse » de Bayard Presse par Téléos, recherche, études, conseil (synthèse de Paola Habri).
37. François Wernert, *op. cit.*, p. 102.

assez limités, les responsables. Les éléments de la théâtralité qui évoluent d'un dimanche à l'autre sont peu nombreux ; ils se réduisent pratiquement aux chants et au décor (fleurs). Les contenus signifiants qui sont modifiés, souvent grâce à la revue *Dimanche en paroisse*, sont facilement noyés dans une routine rhétorique. Les équipes changent par exemple les « oraisons » (trois principales, de quelques lignes chacune), les intentions de « prière universelle » (formulées aux intentions du monde, en principe ; de deux à six écrites en trois à quatre lignes). Sur l'ensemble des contenus liturgiques, cela ne représente qu'une part assez faible.

Pour bien comprendre ce qui est en jeu, il faut nous remettre en mémoire l'évolution de la messe.

Le concile de Trente avait largement revalorisé la messe dominicale en disposant la théâtralité liturgique d'une façon nouvelle. L'architecture des églises est modifiée : disparition du jubé, apparition progressive du maître-autel, centralité du célébrant, accentuée par son élévation (chœur surélevé par rapport à la nef), séparation entre le chœur et la nef (sacré — profane). Les fidèles assistent au merveilleux miracle, et sont priés d'en retirer des bénéfices spirituels par leur dévotion. La messe devient centrale dans le dispositif d'adhésion et de fidélité, et le clocher du bourg en est l'espace exclusif. D'ailleurs, on ne saurait célébrer hors d'un édifice, fût-il une pauvre cabane dans les territoires de mission. L'église est la scène exclusive du joyau spirituel qui organise la vie des fidèles ; au moins dans les intentions, sinon, parfois, dans les faits (la civilisation paroissiale) :

> Au XVIe siècle est né un idéal. Une communauté groupée autour de son clocher, se reconnaissant parfaitement dans une circonscription territoriale définie, la paroisse. Au cœur de ce petit monde, un prêtre dont les célébrations élèvent les âmes vers le Ciel. […] La messe est le pivot de ce système[38].

38. Philippe Martin, *Le théâtre divin ; une histoire de la messe XVIe/ XXe siècle*, Paris, CNRS Éditions, 2010, p. 134.

La réforme liturgique largement commencée à l'aube du XXe siècle s'interroge alors sur la désaffection des fidèles, et met en cause la hiérarchisation de l'édifice (qui traduit une conception hiérarchisée du peuple catholique). Il faut, dit-on, revaloriser la place de l'assemblée :

> De manière un peu abrupte, [Paul Doncœur, sj] fait trois reproches au rite de son temps [1944]. Le premier concerne le mystère car les laïcs ne comprennent ni la langue, ni les costumes, ni les gestes. Le second s'attache au refus de s'adapter. Enfin il regrette que les cérémonies ne soient pas plus vivantes[39].

Peu à peu, les fidèles participent aux actions liturgiques : chants, répons, vis-à-vis du prêtre dès que celui-ci se retourne (1936, premières tentatives ; 1943 à Notre-Dame de Paris, pour le congrès du chant grégorien). Des messes de la JOC voient les fidèles apporter des outils de leur activité professionnelle, des processions d'offrandes ponctuent le déroulement. La très ancienne résistance au latin (dès le XVIe s.), un moment réduite au silence vers la fin du XIXe siècle resurgit de plus belle, et la langue vernaculaire prend pied définitivement, jusqu'à la consécration obtenue au concile Vatican II (*cf.* chapitre 7). Mais une fois passé l'extraordinaire floraison inventive qui s'ensuit, dans les années 1970, la liturgie retrouve sa dimension répétitive et rituelle.

L'Histoire montre que la revitalisation liturgique semble indispensable si l'Église catholique veut maintenir la centralité de la messe dominicale. Les réformes succèdent aux réformes au long des siècles. Assemblées synodales ou du clergé, mémoires adressés par des visiteurs, mandements épiscopaux à l'issue des visites paroissiales révèlent la fragilité du dispositif, implacablement soumis aux déplacements culturels. Les fidèles sont ancrés dans leur culture, celle-ci habite le temps et

39. *Ibid.*, p. 50.

l'espace de façon sans cesse changeante. Or, la messe dominicale installée par Trente se veut une porte ouverte sur l'éternité. Le temps humain évolutif déchire année après année la trame du temps éternel de la liturgie catholique.

Nous pouvons vérifier tout cela à travers les expressions des catholiques collectées par le magazine *Le Pèlerin* au cours d'une vaste enquête en janvier 2009. Les lecteurs étaient invités à s'exprimer au sujet des homélies du dimanche. Dans le cours de la liturgie, elle est la parole la plus libre et ouverte car elle n'est pas contrainte par un rituel. De plus, elle dure approximativement entre dix et quinze minutes, soit environ 20 % de la durée totale d'une messe. Parole libre, elle est donc le dispositif de raccordement entre la doctrine, les rites et la vie du monde. Les attentes des fidèles en sont d'autant plus fortes.

L'HOMÉLIE

Il ne s'agit pas d'un sondage classique, commandé à un organisme professionnel. L'enquête a été lancée pour le lectorat, et a recueilli plus de 3 000 réponses, parmi lesquelles un tri a été effectué selon plusieurs critères. Puis, sur l'échantillon dégagé, une pondération a été appliquée pour approcher au mieux les positions respectives dans la population totale.

Sans surprise, le profil des répondants : ils vont à la messe une fois par semaine (64 %), et regardent aussi la messe télévisée (48 % tous les dimanches, 23 % moins souvent, à commencer par les plus âgés). L'homélie occupe une place paradoxale. Pour 52 % des gens, elle est très importante, chiffre qui se répète lorsque l'on affine l'échantillon : ceux qui fréquentent la messe quotidiennement sont 59 % à la trouver très importante (34 % assez importante), et les non-pratiquants sont 45 % à la trouver *très importante* (42 % assez importante). Elle est une pièce essentielle du dispositif de la messe. Malgré ce résultat, ils sont 51 % à ne jamais changer de messe lorsque les homélies ne leur conviennent pas (20 % rarement) ! On comprend que les non-pratiquants, par définition, ne changent jamais (75 %), mais les hebdomadaires sont 53 % à ne jamais changer ; seuls les occasionnels manifestent une velléité de changement (28 % changent de temps en temps), mais s'ils sont les seuls « mobiles » dans leur pratique, ils le sont aussi peut-être dans leur « lieu de pratique ». On en conclut que si l'homélie est une pièce essentielle du dispositif liturgique, elle ne le commande pas. Les gens vont à la messe proche, et non en fonction du prédicateur. La messe dominicale est un ancrage géographique et rituel plus que doctrinal.

Cela n'empêche pas les fidèles d'exprimer une opinion sur ce qu'ils entendent. L'homélie est avant tout un bain de langage commun : pour 75 %, elle « utilise[nt] des mots connus », bien qu'elle ne laisse « pas un message dont vous vous souviendrez » (seulement 45 % conservent un message — chiffre le plus bas parmi les items). L'homélie « enrichit la foi en Jésus Christ et en l'Église » (55 %), grâce au prédicateur qui « transmet sa propre conviction » (57 %). Elle semble pragmatiquement inefficace (45 % pensent qu'elle oriente vos efforts et vos actions pour la semaine), mais les attentes sont également faibles de ce côté : 37 % des hommes et 33 % des moins de 65 ans en attendent « des conseils pour la vie de tous les jours ». En fin de compte, les homélies peuvent « contribuer à la formation des chrétiens convaincus » (56 %), ne servent pas à « séduire les jeunes » (66 % rarement ou jamais) ni à « attirer des personnes en recherche » (29 % seulement le plus souvent et assez souvent). Peu interpellent le prédicateur (prêtre) à propos de son homélie. Le dialogue sur ce point paraît faible : 72 % ne donnent jamais ou que rarement leur opinion sur l'homélie.

Au final, il apparaît que la liberté de parole accordée aux prédicateurs dans les homélies vise surtout à renforcer la cohésion des croyances du groupe : explication de textes, reprise du langage commun, recharge identitaire et réassurance dans la crédibilité de l'acte croyant (et de l'adhésion). L'homélie est un moment clé dans la liturgie, mais certainement pas pour instaurer ou prendre en charge un débat au sein de l'Église. La centralité de l'obligation dominicale ne laisse pas de place pour une remise en question des orientations de gouvernement ecclésial ; ce n'est pas son rôle. C'est la raison pour laquelle la désertion reste le seul moyen employé pour manifester un désaccord lorsque la dimension « assemblée », mise en évidence par F. Wernert, ne trouve pas de relais ailleurs que dans la messe.

LES MODES DE VIE

Le contexte social interfère alors de manière efficace sur le degré d'adhésion et de pratique religieuse dominicale. Puisque la messe a lieu le dimanche, sur les trois modes que sont la socialité (assemblée), la piété (eucharistie, messe) et le rythme (dimanche), il faut examiner ce qu'il en est de chacune de ces dimensions dans la vie quotidienne des Français. Nous ne disposons pas d'études qui traitent directement ce sujet, et nous présenterons ici quelques hypothèses.

LA SOCIALITÉ

La question de la socialité a beaucoup évolué dans ses modalités pratiques. On sait déjà l'impact de la révolution automobile au cours de la seconde moitié du XXe siècle sur l'habitat : la rurbanisation en est l'exemple le plus instructif, avec la dispersion de l'habitat, les centres commerciaux de périphérie qui se substituent aux centres-ville étroits. Le débat sur l'ouverture des commerces le dimanche s'appuie sur cette réalité d'une population de consommateurs mobiles et autonomes.

Un deuxième phénomène massif ajoute ses effets à la recomposition de l'espace, celui des recompositions familiales. La multiplication des divorces (*cf.* chapitre 4) engendre un accroissement considérable des déplacements et un fractionnement du temps vécu. Les enfants du divorce partagent leur temps, surtout en week-end. La rareté du temps avec les enfants, parce qu'il est fractionné en plusieurs composantes, n'incite pas à « aller à la messe » parce qu'il faut renoncer à un moment d'intensité sociale familiale. Le parent qui reçoit ses enfants pour le week-end va transformer ce temps en l'intensifiant : sport, activités ludiques, réinsertion dans le réseau relationnel (amis du parent, voire autre conjoint, grands-parents et famille élargie). Il faut revitaliser la relation distendue par l'absence. La messe du dimanche pourrait-elle y contribuer ? Sans doute pas. Le parent qui voit ses enfants partir pour le week-end se trouve seul, certes, mais n'en profite-t-il pas pour partir « en adulte » vers son propre réseau relationnel ? La question mérite d'être posée. En outre, le sentiment d'échec et de culpabilité qui habite l'opinion publique au sujet de la position de l'Église sur les divorcés-remariés n'incite pas ces familles à se présenter à l'assemblée. La socialité de l'ensemble de cette population contrevient clairement à celle qui est nouée autour de la messe dominicale.

Une troisième évolution peut s'avérer un facteur de désertion sensible de la messe, toujours sur la dimension socialité. Il s'agit du rapport au corps. Les messes du dimanche ne rassemblent pas les fidèles selon leur distribution statistique par âge ; elles sont majoritairement du côté des personnes âgées. En cela, elles ne dérogent pas au principe qui veut que l'on se préoccupe d'au-delà de soi lorsque l'on a fini d'élever les enfants. Les organismes faisant appel à la charité publique savent que le donateur moyen a plus de 50 ans, quelle que soit l'orientation de l'organisme. Il est du coup très difficile à des jeunes d'habiter ces assemblées ; l'identification sociale n'est plus possible, d'autant que la société elle-même a érigé en sommet de la réussite l'âge compris entre 18 et 40 ans :

> C'est bien le sentiment de Sébastien, 15 ans, qui pense que « pour certaines personnes, la présence des jeunes à l'église n'est pas la bienvenue. Elles

sont hermétiques à notre volonté de rendre la messe un peu plus dynamique, et nous regardent de travers dès qu'on se met à frapper dans nos mains, ou qu'on apporte de nouveaux chants[40] ».

Pourtant, on fréquente aussi la messe pour des raisons de visibilité sociale et de convenances publiques. Le XXIe siècle ne connaît sans doute pas la course aux honneurs qui affectait la messe, « théâtre politique sur lequel la communauté manifeste son existence et ses tensions [...][41] ». Mais le XXe siècle, longtemps après la Séparation de 1905 qui aurait dû vider quelque peu de son sens la compétition sociale, connaît des querelles de préséance :

> En 1943, un curé breton enlève un banc, geste qui provoque la colère de laïcs qui portent plainte [...] Il faut l'intervention de la Cour de cassation en juin 1953 pour éteindre l'affaire. Les magistrats donnent raison au prêtre parce que le meuble était en « état de vétusté nuisible à l'esthétique, incommode pour la circulation des fidèles à l'intérieur de l'église et de nature à gêner la vue des offices[42] ».

Se montrer et se mesurer les uns aux autres font partie de l'intérêt social de la messe :

> Durant l'été 1932, à Bitche, parce qu'elle vient à la messe avec une robe bleue à manches courtes et col de fourrure, Lucienne Martztloff, la très dévote femme d'un ingénieur, est ouvertement traitée de « salope ».
>
> À la veille du concile Vatican II, les statuts synodaux dénoncent encore violemment des fidèles trop soucieux du paraître[43].

40. Bénévent Tosseri, « Synode de la jeunesse. Les jeunes de Haute-Savoie affirment leur place dans l'Église », article dans le journal *La Croix* du 11/04/2006.
41. P. Martin, *Histoire de la messe, op. cit.*, p. 232.
42. *Ibid.*, p. 237-238.
43. *Ibid.*, p. 264.

Le poids de la représentation sociale utilise-t-il encore la messe dominicale ? Rien n'est moins sûr, ce qui ne peut manquer de rasséréner un clergé toujours soucieux d'une « religion vraie », que l'on qualifiera de « non sociologique » dans les années 1960 et 1970. C'est laisser libre cours à des jeux d'identification sociale que nous venons de décrire : des « jeunes » peuvent-ils s'identifier à des assemblées composées de têtes blanches ? Les conventions sociales qui valorisent ce qu'on appelle parfois le « jeunisme » s'y opposent vraisemblablement. Le clergé ne s'y trompe pas, puisqu'il est soucieux d'organiser, quand il le peut, des « messes des familles » ou des « messes des jeunes[44] ».

PIÉTÉ, RYTHME

Ce qui est dit au sujet de la socialité est-il extensible aux deux autres dimensions de la messe dominicale, la piété et le rythme ? On ne fera ici que suggérer des interrogations, sur lesquelles des études sont possibles — mais hélas non encore réalisées.

La liturgie est une mise en scène de piété : actes rituels, paroles convenues pour le renforcement des contenus doctrinaux, éducation normative à la piété légitime. Elle est aussi une régulation de l'émotion religieuse, de ce qu'on appelle parfois improprement la spiritualité. Le contexte interreligieux de la société française influe-t-il sur les comportements des acteurs que sont le clergé et les fidèles ? Il suffit de prendre en compte la plasticité des pratiques d'une religion à l'autre, telles qu'Olivier Roy les a examinées et exposées[45] pour se rendre compte que le catholicisme ne saurait faire l'économie de ce « bricolage de piété ». Il resterait à en déterminer les contours dans les messes dominicales. On compléterait utilement le tableau en s'intéressant à la gestion des

44. À Paris, la paroisse étudiante de Saint-Germain-des-Prés organise une « messe des étudiants » le dimanche soir qui attire de tous les quartiers.
45. Olivier Roy, *La sainte ignorance ; le temps de la religion sans culture*, Paris, Seuil, 2008.

corps dans l'espace liturgique. Que dire de ces scènes immobiles, ou presque, dans lesquelles des acteurs adoptent des postures si encadrées par les normes de comportement ? Il n'est pas douteux que la diffusion progressive et durable d'une façon orientalisante de traiter les postures du corps — yoga — ne suscite un hiatus avec les habitudes liturgiques catholiques. On signalera enfin la question des chants, qui n'est pas sans impact sur la liturgie.

L'introduction de la musique dans les liturgies catholiques après le concile de Trente n'a pas été sans difficultés. De façon à répondre au reproche de démonstration de concert ou de théâtre en provenance de la Réforme, une lutte sévère entre le clergé et les fidèles a toujours été entretenue. L'objectif étant de favoriser un recueillement et une intériorisation des « mystères divins ». La réintroduction du plain-chant grégorien, à la fin du XIXe siècle, a permis de rompre avec les pompes musicales — grand-messes chantées avec chœur, orgue et autres instruments — ; un véritable répertoire a été constitué, considéré comme propre à l'usage liturgique. Après Vatican II, la « contamination » par les musiques profanes, et spécialement celles de type anglo-saxon en provenance des États-Unis (gospel) a accéléré l'obsolescence du répertoire musical traditionnel. Mais les effets en sont ambivalents. Produisant un dépaysement des gens ayant été élevés bien avant le Concile, ce nouveau répertoire a été popularisé par les Journées mondiales de la jeunesse organisées par Jean-Paul II. Des groupes de « rock chrétien » se sont constitués, ils permettent aujourd'hui à une population jeune de se réidentifier avec une pratique liturgique. Cependant, celle-ci se déroule sous le mode de l'événementiel, plus que dans le rythme hebdomadaire. Il pourrait contribuer imperceptiblement à dévaloriser un peu plus ce dernier.

Quant au rythme, il faudrait sans doute commencer par une recherche sur deux phénomènes propres à la société française : d'une part la modification progressive des rythmes scolaires, qui privilégient — à tort selon l'Académie de médecine, soucieuse des biorythmes des enfants — la semaine de quatre jours pour les enfants. Les samedi et dimanche sont désormais largement libérés, et propices à des déplacements loin du domicile. La modification substantielle du temps de travail a été en second lieu un facteur important de transformations des rythmes sociaux. Les « 35 heures » se sont traduites par une augmentation des congés (de 210 à 220 jours de travail effectif selon les métiers et statuts professionnels, hors jours fériés et week-ends). Les adultes se sont alors reportés, pour les prendre, sur les congés scolaires, induisant un temps très différent des fameux trimestres scolaires du XXe siècle. Une alternance de périodes intenses de travail et de vie sociale et de congés durant une semaine ou plus à intensité réduite pourrait être un nouveau formatage du temps subjectif, tant individuel que social. Il pourrait avoir un impact non négligeable sur les représentations de la fidélité cultuelle — il valoriserait l'événementiel plutôt que la régularité hebdomadaire annualisée. Ce ne sont, bien sûr, que des hypothèses.

Il nous semble judicieux, au terme de cette présentation, de présenter le constat sévère que F. Wernert dresse de la réaction épiscopale aux problèmes rencontrés par l'évolution de la pratique. Une citation fera l'affaire :

> Dans l'ensemble de ces trois textes[46], à aucun moment il n'est question de célébrations sans prêtre. Ces pratiques ne sont plus à l'ordre du jour. Enfin, les évêques de France n'ont pas fait le pas vers la formulation, même partielle, de paradigmes nouveaux. Depuis 1996, la conférence est davantage préoccupée de catéchèse. Dans le domaine liturgique et de la pastorale dominicale, aucune impulsion ne s'est fait jour[47].

46. Deux *rapports Dagens* (1994, 1995), et la *Lettre aux catholiques de France — proposer la foi dans la société actuelle* (1996), publiés par la Conférence des évêques de France.
47. François Wernert, *Le dimanche en déroute*, *op. cit.*, p. 452.

Mais cela ne conduit pas l'auteur à estimer que, d'un point de vue intra-ecclésial, la situation ne soit pas prise en charge. Ainsi il note que :

> Les paroisses s'efforcent de vivre le mieux possible. Dans un contexte où la pastorale d'ensemble est devenue complexe, subsiste souvent le souci d'animer fraternellement les communautés paroissiales[48].

Pour notre part, nous constaterons d'une part la fragilité du dispositif qui rend possible l'obéissance au commandement de la pratique dominicale. Les forces centrifuges travaillent en permanence, au long des siècles, les rythmes et conditions d'exercice des fidèles. Autrefois, le travail du dimanche constituait le combat de l'épiscopat ; la dimension identitaire s'imposait face aux projets de la Réforme. Il fallait se distinguer des « cousins proches », en accentuant l'unité romaine, d'abord autour du culte — la messe —, puis, à partir de la fin du XIXe siècle, autour de la capacité de gouvernance papale. C'est tout le sens des réformes liturgiques de Dom Guéranger, et du vaste mouvement ultramontain efficacement impulsé par *L'Univers* de Louis Veuillot[49]. Paradoxalement, il nous semble cependant que cette recherche de centralité, qui se déplace de la messe dominicale vers l'accroissement de centralité romaine, fragilise de façon interne la messe dominicale en France.

En effet, la messe dominicale en tant que fragile conjonction des trois dynamiques de la socialité, de la piété et du rythme temporel, se déploie sur un territoire. Elle est identique partout, elle favorise donc une identification universelle, et c'est le sens de l'unification des liturgies autour de la liturgie romaine au XIXe siècle. Cette uniformisation du rite accompagne l'amélioration des transports. Le fidèle peut avoir

48. *Ibid.*, p. 453.

49. Austin Gough, *Paris et Rome ; les catholiques français et le pape au XIXe siècle*, Paris, L'Atelier, 1996.

le sentiment d'identité par le déploiement du même rite sur des territoires différents. L'Église est plus forte, par son universalité, que les variantes temporelles et culturelles locales.

Mais le pape Jean-Paul II, qui lance le vaste mouvement des Journées mondiales de la jeunesse, et qui multiplie les rassemblements exceptionnels à chaque déplacement dans un pays, déploie un nouvel étage de l'universalité : les rassemblements produisent de l'événement liturgique, qui dévalorise *de facto* l'hebdomadaire, ravalé au rang local. La mise en scène des grands rassemblements mobilise des moyens techniques qui transforment la théâtralité liturgique, faisant ressortir la pauvreté quotidienne de la messe dominicale. Pape inséré dans la modernité, Jean-Paul II est un « curé mondial », qui intervient sur le terrain même des curés par ses nombreux voyages. Il n'est alors pas surprenant que le sentiment d'universalité, autrefois entretenu par la liturgie de la messe, soit peu à peu attaché à la personne du pape. Il vaut mieux venir à la messe de Benoît XVI en septembre 2008 à Paris, aux Invalides, que participer ce même jour à la messe de sa paroisse.

Il semble clair, compte tenu de l'ensemble des facteurs, tant internes que propres à l'environnement social, que le constat dressé par François Wernert sur la dissociation perceptible des trois composantes — assemblée, messe, dimanche — s'avère juste. Les recompositions des diocèses selon le modèle monopolistique ne peuvent qu'accentuer le phénomène.

L'OPINION PUBLIQUE,
LA FAMILLE ET LA SEXUALITÉ

Après trois chapitres consacrés aux déplacements internes du catholicisme, nous sommes en mesure d'aborder des questions plus transversales, qui mettent en cause la doctrine. Les déplacements que l'on perçoit dans le monde religieux catholique affectent bien entendu les structures, comme nous venons de le voir. Ils sont surtout mesurables dans les mentalités et les comportements des fidèles. L'écartement progressif entre le continent catholique et la culture environnante produit un dilemme pour chaque fidèle : il est à la fois citoyen et catholique, et vit l'écartement comme un écartèlement.

L'opinion publique devient donc un enjeu central dans l'analyse du rapport au religieux. Non pas que les opinions des uns et des autres n'aient pas déjà existé, et n'aient attendu aujourd'hui pour se manifester. Seulement, elles se sont agglomérées pour représenter depuis quelques dizaines d'années un acteur essentiel de l'espace public et politique. Les trois chapitres qui viennent le présenteront à leur manière, après la courte introduction qui porte sur « le citoyen français » et ses valeurs.

D'un point de vue sociologique, il est difficile d'apprécier la réception du discours de l'Église catholique romaine, tant en ce qui concerne les institutions compétentes — corps médical, chercheurs, institutions de gouvernement — que du point de vue des fidèles. Nous n'avons pas de données vraiment quantifiables. Ce dernier aspect nous intéresse particulièrement dans le cadre de notre ouvrage, car l'examen des données journalistiques aussi bien que des données empiriques qui remontent çà et là n'équivaut pas à des statistiques. Nous ne disposons pas d'enquêtes qui nous permettraient de mesurer le taux de prise en charge du discours ecclésial romain par les fidèles catholiques. Du coup, il nous faut peut-être accepter d'être limité aux enquêtes sur les valeurs des Français, et voir si elles correspondent à celles affichées par l'institution ecclésiale. C'est peu, dans la mesure où il serait plus intéressant de disposer d'expressions plus formelles. Mais c'est beaucoup, parce que le discours sur la bioéthique n'est peut-être pas aussi diffusé que les débats journalistiques semblent le laisser penser.

À défaut de données brutes fiables, donc, nous commencerons par un petit point sur l'opinion publique en France à propos de quelques aspects du rapport à la morale, à l'éthique. Nous nous appuierons à cet effet sur l'excellent travail mené en Europe depuis bientôt vingt ans : l'*enquête sur les valeurs des Européens* (European Values Survey), menée en France par ARVAL (Association pour la recherche sur les systèmes de valeur).

> Individualisme et permissivité : si je termine par ce thème, c'est parce que c'est probablement le plus saillant dans des systèmes de valeurs tels qu'ils s'expriment dans notre enquête.
>
> Dans notre société d'aujourd'hui, la personne, avec sa vie, ses choix, est la référence centrale. Nous ne sommes plus dans des systèmes où les individus se réfèrent globalement à une idéologie ou à une religion. Ce qui donne sens à leur vie, c'est la construction de leur destin personnel, c'est centré sur l'individu[50].

Jean-François Tchernia exprime ainsi le panorama des représentations des Français. Pour bien comprendre cette position contemporaine des Français, il n'est pas inutile d'opérer un petit détour par l'enquête menée en 2008 par l'ARVAL. En ce qui concerne la morale, les concepteurs ont introduit une nouvelle option. Dans les précédentes enquêtes, les gens avaient le choix entre une « morale de principe » et une « morale de situation ». La première se réfère à Kant : « Il y a des lignes directrices parfaitement

50. Jean-François Tchernia, verbatim de la présentation à la Fonda le jeudi 22 mai 2008 : www.fonda.asso.fr/L-evolutions-des-valeurs-retour-sur.html

claires pour savoir ce qui est bien et ce qui est mal, elles s'appliquent toujours quelles que soient les circonstances. » La seconde est illustrée par une certaine conception de l'utilitarisme, ou plutôt de l'éthique en situation : « Il ne peut jamais y avoir de lignes directrices parfaitement claires pour savoir ce qui est le bien et ce qui est le mal. Cela dépend entièrement des circonstances. » La nouvelle option s'énonce désormais ainsi en 2008 : « Il y a des lignes directrices parfaitement claires pour savoir ce qui est bien et ce qui est mal. Cependant, des circonstances spéciales justifient parfois de s'écarter de ces lignes directrices[51]. » On retrouve par là des grandes lignées de pensée morale qui mettent en œuvre une casuistique et, entre autres, une réflexion sur le « moindre mal » (*cf. infra*, chapitre 5, page 125, citation de L. Boltanski). Les chercheurs l'ont nommée « morale intermédiaire ». On ne s'étonne pas que les résultats des enquêtes antérieures aient considérablement changé : 41 % des Français ont adopté la morale intermédiaire en 2008, en seconde place derrière la morale de situation (45 %), laissant loin derrière la morale de principe (13 %). R. Magni Berton conclut :

> Ce résultat tend à suggérer que ce qui importe dans les jugements moraux quotidiens, ce n'est pas tant la croyance en l'existence de principes généraux, mais l'importance que l'on accorde aux circonstances particulières[52].

Ainsi globalement qualifié, le paysage des valeurs s'accompagne de positions bien précises. La tolérance et le respect des autres sont des choix validés à 85 %. Cela ne signifie pas cependant que la permissivité est plébiscitée. « Il y a beaucoup de choses qui sont condamnées, qui n'apparaissent pas justifiables[53]. » Les opinions sont réparties sur deux domaines.

51. Raul Magni Berton, *Morale de principe, morale de situation, in* Pierre Bréchon et Jean-François Tchernia (dir.), *La France à travers ses valeurs*, Paris, Armand Colin, 2009, p. 87.

52. *Ibid.*, p. 90.

53. Jean-François Tchernia, entretien cité supra, note 49.

D'une part, ce qui relève de la vie personnelle est de plus en plus considéré avec tolérance :

> Tout ce qui concerne les mœurs privées, la disposition de la personne, le corps et la sexualité fait l'objet d'une tolérance grandissante ; c'est particulièrement perceptible en ce qui concerne la tolérance sur des thèmes tels que le divorce, l'homosexualité, l'euthanasie [...] Il reste des minorités substantielles de la population qui ne sont pas d'accord avec ces comportements, mais, malgré tout, la tendance de la population est tolérante sur ces questions[54].

D'autre part, la morale publique fait l'objet d'une très faible permissivité, avec une tolérance faible. Au fond, tout se passe comme si la sociologie avait formaté les mentalités, sur le long terme : l'essentiel est la dimension sociale, collective, ce qui regarde tout le monde. Mais ce qui relève de la personne (ses mœurs, son corps, sa vie domestique) ne doit pas faire l'objet d'une régulation quelle qu'elle soit.

Ces valeurs sont partagées par toute la population, sans déterminant d'ordre religieux, ni d'ordre générationnel. Seul facteur corrélé, le niveau de diplôme : plus il est élevé, plus la tolérance atteint un niveau de valorisation élevé. La religion n'influence pas ces grandes opinions.

C'est en entrant dans le détail que la clé du religieux trouve une pertinence. L'opinion sur l'adultère, le sexe occasionnel et la prostitution est bien plus fortement négative chez les pratiquants (irréguliers ou réguliers). Le « degré de religiosité » est le facteur qui prédit le mieux les comportements face au sexe et à la mort (euthanasie, suicide). Lorsque l'on aborde les questions (nouvelles) de l'homosexualité et de l'homoparentalité, le clivage religieux perdure, dans une société qui se libéralise. La religion est donc affaire de choix personnel, ce n'est plus un comportement social. Être religieux implique une prise de distance nette avec l'opinion sociale majoritaire. Enfin, notons que la tolérance plus grande est le fait de toutes les

54. *Ibid.*

générations, mais que les femmes et ceux que leurs expériences de vie familiales et personnelles rendent sensibles à l'écart (divorcés notamment, non mariés) en sont les meilleurs partisans[55].

Pour finir, il ne faudrait pas croire que la tolérance accrue et le désir de liberté personnelle s'accompagnent, comme dans la suite de mai 68, d'un anti-autoritarisme. Au contraire, les gens se rejoignent tous pour réaffirmer la nécessité d'une autorité, qui garantisse la paix sociale. Armée et Police ont un crédit plus fort que vingt ans auparavant, toutes catégories confondues. Malgré tout,

> on n'enregistre aucune volonté de retour à des relations sociales hiérarchiques et autoritaires, mais une simple demande d'ordre public qui ne remet aucunement en cause la continuation de l'exigence de liberté privée[56].

L'image des Églises se ressent de ces déplacements. Lorsque l'on interroge ceux qui déclarent appartenir à une religion, ils sont un peu plus de la moitié à considérer que leur « Église » apporte des bonnes réponses aux besoins spirituels des individus (53 %), mais leur appréciation faiblit nettement pour les autres critères : 32 % pensent qu'elles ont de bonnes réponses pour les questions morales, 29 % pour la vie de famille et ses problèmes, 22 % pour les problèmes qui se posent au pays. Certes, les pratiquants ont une bien meilleure opinion. En discriminant un peu, on trouve que 49 % des catholiques estiment que les Églises proposent de bonnes solutions pour les problèmes sociaux. Pierre Bréchon conclut :

> Les adeptes religieux intransigeants sont rares, beaucoup attendent surtout des religions qu'elles soient une source d'éthique et de sagesse, un pôle non négligeable et très critique [...] [Les Églises] peuvent être utiles à

55. Nathalie Dompnier, *Tolérance croissante de l'homosexualité, interrogations récentes sur l'homoparentalité, in* P. Bréchon et J.-F. Tchernia, *La France à travers ses valeurs, op. cit.*, p. 99-102.
56. P. Bréchon, J.-F. Tchernia, *op. cit.*, p. 122.

condition de ne pas se montrer intolérantes, ce que beaucoup redoutent de la part des religions comme de tous les militantismes[57].

Le cadre ainsi posé donne un contexte pour apprécier les positions catholiques romaines à propos de la famille, de la sexualité comme de la maladie. En premier vient le chapitre 4 sur les divorcés-remariés, qui est une zone où la fracture entre société française et culture catholique est la plus douloureuse. En effet, il semblerait que les Français se soient fait une raison pour contourner le problème posé par les repères éthiques catholiques en matière de sexualité et procréation ; c'est l'objet du chapitre 5. Nous y découvrons l'importance de la création d'une opinion publique dans le champ du politique, pas simplement comme une vague d'opinion, mais bien comme une nouvelle structure régulière de gestion sociale. Une sorte d'intelligence collective qui serait à prendre en compte, mais que le catholicisme romain peine à comprendre. Le chapitre 6 sur la pédophilie du clergé en est l'illustration exacerbée.

57. Pierre Bréchon, *Une image des Églises en demi-teinte*, *in* P. Bréchon, J.-F. Tchernia, *op. cit.*, p. 234.

Chapitre 4

DIVORCÉS-REMARIÉS

Parmi les aspects les plus marquants de la confrontation du catholicisme à la modernité, en ce qui concerne l'Europe pour le moins, nous trouvons les règles qui définissent le contrôle et/ou l'orientation de l'exercice de la sexualité. Chaque pays affronte les questions posées par le positionnement de l'Église catholique romaine avec son histoire propre, et donc son opinion publique propre. Aussi bien en matière de sexualité que de conjugalité, force est de reconnaître l'existence d'un fossé entre une opinion majoritairement acquise aux développements récents des pratiques sociales (divorce, contraception, AMP, etc.) et une hiérarchie ecclésiale maintenant une discipline morale stricte au regard de la modernité.

Le premier dossier que nous abordons est exemplaire de la richesse de cette hypothèse, bien qu'il faille se garder de le systématiser. Les embarras liés aux divorcés-remariés entrecroisent de multiples registres, que nous nous efforcerons de démêler au cours de cette étude.

LE PROBLÈME

Le mariage a été institué par l'Église catholique dans une forme qui tenait compte à la fois des nécessités de l'époque et d'une certaine construction anthropologique et théologique. Le droit français de l'époque napoléonienne a repris cette institution et l'a établi en institution civile. La Séparation de 1905 ayant dissocié les deux régimes, celui de la société civile et celui des religions (très majoritairement catholique), les deux institutions se sont vues dotées d'une légitimité juridique, et le droit français impose la conclusion d'un mariage civil comme condition de tout mariage religieux.

Depuis les années 1960, l'institution civile a été profondément modifiée, sans que la définition catholique l'ait été. On mentionnera la facilitation du divorce (par consentement mutuel), la modification du droit successoral qui disjoint filiation légitime et mariage, la création du PACS. Un fossé a donc été creusé entre deux régimes juridiques qui autrefois se reconnaissaient dans des exigences voisines. La société française a absorbé sans heurts ces évolutions, et le divorce est devenu largement pratiqué. Le catholicisme a poursuivi dans sa doctrine de l'indissolubilité du mariage, laissant les fidèles gérer l'écart entre modes de vie et doctrine. L'indissolubilité du mariage n'aurait pas été problématique si les remariages n'étaient pas venus se heurter à la discipline ecclésiale, sur un point très précis, celui de l'accès à la communion.

En effet, l'Église catholique, tout au long du XXe siècle, a modifié les pratiques d'appartenance, et les critères de conformité disciplinaire que les fidèles pouvaient mettre en œuvre. La communion à la messe est devenue peu à peu une pratique générale, et il n'est pas rare de compter, dans une assemblée de messalisants dominicaux, 90 à 95 % de communions. Le concile de Vatican II a assoupli les restrictions d'accès (jeûne préalable, confession obligatoire), si bien que s'est instaurée une image de conformité catholique par le geste de la communion.

Les conséquences de cette libéralisation de l'accès à la communion ont été que le diptyque sacramentel Confession/Communion (en langage théologique contemporain : Réconciliation (ou pardon)/Eucharistie) s'est trouvé dissocié. Lors de la querelle des billets de confession au

XVIIIe siècle, le couplage obligé Confession/Extrême-Onction a conduit à une crise en raison de la confrontation Jansénistes — Jésuites sur les conditions de la confession ; elle portait sur un élément anthropologiquement décisif (la Bonne mort), qui était unique et que l'on ne pouvait pas contourner. Le couplage confession/communion met en revanche l'accent sur un tout autre levier anthropologique : confession et communion sont deux sacrements réitérables, qui accompagnent la vie du croyant tout au long de sa vie. Pour cette raison, la participation à la messe, qui ne comportait autrefois majoritairement pas de communion, s'est peu à peu confondue avec le fait de communier. Être pratiquant, c'est communier — en France tout du moins.

Le maintien d'une discipline stricte à propos du mariage, dont l'opinion commune a retenu que le divorce était une faute grave méritant l'interdiction de communion, bien que le Code de droit canonique de 1983 reste muet sur ce point, conduit à rendre nécessaire la confession. Qui « rompt » les liens matrimoniaux (ou subit la rupture) et en contracte d'autres est assimilé à un adultère permanent (comme les concubins), et ne peut plus communier s'il ne fait pas amende honorable. Certes, le sacrement de confession prévoit l'absolution, mais sous la condition de la cessation du péché (doctrine du « ferme propos »), ce qui suppose de réclamer au concubinaire la cessation du lien ! On comprend que l'usage de la confession devient impossible pour régulariser l'accès à la communion.

On retrouve cette difficulté lorsque l'on aborde la question des conversions au catholicisme. Les adultes qui se présentent ne sont pas toujours dans un état de vie matrimonial conforme à ce que demande l'Église catholique. Celle-ci déclare que le mariage entre deux non-baptisés (non-chrétiens) est valide. Donc, si le catéchumène se trouve dans sa deuxième union (après divorce), le fait de devenir chrétien le met en porte-à-faux : il est considéré comme marié deux fois ! En fonction des subtilités du droit matrimonial, on peut raffiner la complexité des situations… Cela conduit bien des formateurs à faire remarquer avec amertume que l'accès au baptême introduit dans le péché ! Ces derniers préfèrent bien souvent passer sous silence les statuts matrimoniaux de façon à ne pas obérer ces chemins de conversion.

On ne discutera pas, ici, le bien-fondé de cet ensemble doctrinal, qui relève de la seule institution catholique. Seul nous intéresse le système mis en place pour organiser la pratique des fidèles, et nous allons précisément retrouver ce nœud disciplinaire au cœur des interrogations catholiques.

LE CONTEXTE FRANÇAIS

Avant d'examiner les données concernant le problème des divorcés-remariés, il est utile de rappeler le contexte global autour de la famille et du mariage. Le numéro 447 de *Populations et sociétés* (INED, juillet-août 2008) présente une étude d'Arnaud Régnier-Loilier et France Piroux qui résume les enseignements d'une enquête INED/INSEE réalisée en 2005.

Les auteurs commencent par rappeler l'évolution du paysage religieux en France. De 65 à 79 ans, seuls 5 % des hommes et 3 % des femmes déclarent n'appartenir à aucune religion, tandis que chez les 18-24 ans, ils sont respectivement 27 et 23 %. Ce mouvement s'accompagne d'une nouvelle répartition des confessions religieuses : les catholiques sont 95 % chez les plus âgés, 88 % chez les plus jeunes. Le déplacement s'opère au profit de l'islam, qui passe de moins de 2 % à 7 % pour les jeunes. Dans ce contexte, l'étude se proposait de regarder l'influence du facteur religieux sur les comportements en matière de vie familiale.

Deux indicateurs sont utiles à notre étude, celui des naissances hors mariage (NHM), et celui des unions de rang 2 et plus. En effet, mettre au monde des enfants en dehors des liens matrimoniaux correspond à ce que l'Église catholique nomme une relation de concubinage, à laquelle on assimile les unions après divorce civil. Pour le premier critère, on peut mesurer le glissement hors des normes religieuses, grâce au tableau suivant mis au point par les auteurs de l'étude. Il présente la proportion (en %) de premières naissances hors mariage selon la pratique religieuse :

Année de la première naissance	Sans religion d'appartenance (ou d'origine)	Avec religion d'appartenance (ou d'origine)			Ensemble
		Non-pratiquants	Pratiquants moins assidus	Pratiquants les plus assidus	
1965-1974	27	18	19	12	18
1975-1984	41	23	21	18	23
1985-1994	55	39	32	24	38
1995-2004	67	53	36	31	51

On repère immédiatement l'influence religieuse sur l'institution matrimoniale : celle-ci demeure le lieu légitimé d'enfantement. Tandis que les « sans religion » admettent la NHM, qui passe de 27 % à 67 % en une génération (30 ans), la pénétration de cette pratique pour les pratiquants les plus assidus passe de 12 à 31 % seulement, de 19 à 36 % pour les autres pratiquants. Même chez les non-pratiquants, l'écart est de dix points avec les sans-religion, et demeure constant. Néanmoins, la progression chez les plus assidus de la NHM est forte : elle est multipliée par 2,5. En résumé, 1/3 des plus fidèles (dont 80 % de catholiques) dissocient désormais enfantement et lien conjugal. Cela signifie que le mariage survient peut-être pour 1/3 des fidèles après le premier enfant.

Le deuxième indicateur pertinent est celui des « remises en couple » après une première union. L'enquête a porté sur toutes les générations, mais si on isole, comme le font les auteurs de l'article, la génération des 45-49 ans, on obtient les données suivantes :

– entre 16 et 18 % des hommes pratiquants ont vécu au moins deux unions, contre respectivement 11 et 22 % pour les femmes. Chez les hommes, la pratique fervente ou occasionnelle n'est pas un facteur de différenciation, chez les femmes elle l'est ;

– 34 % des hommes et 40 % des femmes sans religion ont connu au moins une deuxième union ;

– 25 % des hommes au total et 24 % des femmes ont connu à cet âge au moins une deuxième union, ce qui est quasiment identique à la population des non-pratiquants.

Si nous rapportons ces chiffres à ceux qui concernent les plus âgés (l'étude ne cite malheureusement qu'un seul chiffre), nous remarquons que chez les 65-79 ans, les hommes sont 11 % et les femmes 9 % à avoir connu au moins une deuxième union. Nous dirons donc que le taux de rupture d'union s'élève régulièrement, jusqu'à représenter une pratique significative (autour de 15-20 % pour ceux qui se sont mariés une première fois dans les années 1980). Les auteurs de l'article INED concluent ainsi :

> Pour les plus pratiquant(e)s, dont le nombre s'est fortement réduit, le mariage reste presque incontournable et souvent un engagement pour la vie ; il demeure le cadre dans lequel naissent les enfants et les unions sans enfants sont rares [...] À l'opposé, les personnes se déclarant sans religion rejettent le mariage plus que les autres et connaissent les parcours conjugaux les plus complexes ; leur infécondité s'accroît et leur descendance est plus souvent restreinte.

Ces données sont corroborées par le sondage présenté par l'hebdomadaire catholique *Le Pèlerin* dans son numéro 6616 du jeudi 17 septembre 2009.

LES CATHOLIQUES ET LE DIVORCE-REMARIAGE

L'état des lieux dressé ci-dessus permet d'appréhender les données fournies par un sondage TNS SOFRES commandé par *Le Pèlerin* dans le courant de l'année 2009, et publié en septembre de la même année. Il porte sur les individus concernés par le divorce, et l'opinion à l'égard du positionnement de l'Église. La définition est restreinte au lignage direct : ascendants, descendants en ligne directe. Le sondage exclut donc la possibilité d'être « concerné par les neveux, oncles et tantes, cousins ». Il est donc limitatif, alors que l'on sait combien les relations familiales diffusent de l'opinion.

Quelle population ? 40 % des sondés sont concernés par le divorce, et 36 % des catholiques pratiquants. L'écart est minime, il montre la rapidité des évolutions par rapport à l'étude INED. On mesure encore un frein au divorce, puisque 14 % des catholiques pratiquants sont touchés à titre personnel (17 % pour l'ensemble). La répartition par classe d'âge est instructive : 29 % des 50-64 ans sont concernés (soit près d'1/3) à titre personnel, chiffre corroboré par le fait que 35 % des 18-24 ans et 33 % des 25-34 ans le sont au titre de leurs parents. Le sondage montre que la catégorisation socioprofessionnelle ne joue pas un rôle déterminant, les personnes concernées se recrutent sur l'ensemble de l'éventail.

C'est bien, comme nous l'avons vu dans l'enquête INED, la génération qui a pu se marier dans les années 1980 (et ont des enfants de plus de 20 ans) qui affronte sérieusement le divorce. Or, les pratiquants réguliers se recrutent massivement dans cette tranche d'âge. Les 17 % de personnes divorcées se recrutent plutôt chez les non-pratiquants, sachant que 13 % des catholiques pratiquants seulement sont divorcés. Mais la validité de cette information est sujette à caution : on ne sait si les divorcés sont d'anciens pratiquants qui ont cessé à cause de leur divorce, ou s'ils ont poursuivi leur pratique. Au vu des informations recueillies auprès de l'opinion (*cf. infra*), c'est sans doute la première hypothèse qui est la bonne. Plus de la moitié d'entre eux, quoi qu'il en soit, ont repris une vie avec un partenaire (9 % pour l'ensemble, 8 % chez les catholiques pratiquants). Dans la tranche d'âge la plus concernée, les 50-64 ans, 29 % sont divorcés, et plus de la moitié (17 sur 29) ont repris une vie maritale.

Ces données manifestent que la vie en couple demeure une chose désirable. Le célibat n'est pas le mode de vie préféré, bien que la vie de couple s'avère difficile au point de vouloir les ruptures pour relancer une tentative. Faut-il y voir une confirmation dans le fait que les catholiques pratiquants réguliers sont plus concernés, au titre de leurs enfants, par le divorce-remariage (7 %) que les non-pratiquants (2 %) ? Le chiffre est à interpréter avec prudence.

S'il fallait résumer les enseignements de cet état des lieux fourni par le sondage du *Pèlerin*, nous dirions qu'il est vraisemblable que les catholiques pratiquants, bien qu'autant affectés que les autres par le divorce, conservent une opinion favorable de l'institution matrimoniale. L'Église pourrait se réjouir de cette croyance, à ceci près qu'elle génère en retour une souffrance importante quant à la discipline imposée au sujet du remariage. Nous allons le voir dans la suite du sondage.

En effet, à la question de savoir si l'Église devrait ou non adopter une attitude plus souple pour tenir compte de l'évolution des mœurs, 57 % des pratiquants réguliers et 75 % des occasionnels répondent positivement. La possibilité de se remarier est donc largement réclamée. En toute logique, l'interdiction de communier pour les divorcés remariés ou en concubinage (rappelons que pour l'Église, juridiquement il n'y a pas de distinction) est massivement rejetée : 70 % des pratiquants réguliers et 85 % des occasionnels réclament un assouplissement. Comme la base d'enquête était l'ensemble des sondés, nous avons là un état de l'opinion. La suite permet un affinage.

LE COURRIER DES LECTEURS

L'hebdomadaire *Le Pèlerin* a reçu un courrier des lecteurs significatif au regard du dossier complet sur le sujet : 50 lettres, sur lesquelles on identifie environ 18 de femmes, 5 d'ecclésiastiques (hommes), 24 d'hommes. Elles se répartissent en 20 positions contre l'article ou son contenu et, corollairement, pour le maintien du *statu quo* ecclésial, les 30 autres étant favorables à l'ouverture du dossier, et en général à un assouplissement de la règle ecclésiale.

Les arguments qui assoient les prises de position ne sont pas toujours clairs, comme souvent dans ce genre de littérature. Ramassons-les brièvement :

• Favorables :

– hypocrisie de l'Église : nullités de mariage pour les « grands » (comte de Paris, Caroline de Monaco ; 4 mentions) ; prêtres ayant quitté le ministère, et autorisés à se marier (4) ; les affaires d'argent (1) ; ouvertures aux schismatiques d'Écône (1) ; absolution de péchés plus graves (meurtre ; 1) ; sans exemple (1) ;

– appel à la miséricorde (ou mots équivalents) : 6 mentions. On signale aussi la possibilité des nullités de mariage (« annulations ») ;

– il faut ajuster la doctrine du mariage et/ou du remariage, ainsi que le rapport à la communion.

• Hostiles :

– les gens mariés connaissent la discipline de l'Église, qui dit la volonté de Dieu (7 mentions) ;

– il ne faut pas mettre en avant les plaintes des divorcés-remariés. La « Une » est refusée ;

– la souffrance des enfants de divorcés n'est pas prise en compte ;

– c'est la communion fréquente qui est un problème ; il y a la communion « de désir ».

L'examen de ces correspondances témoigne de la complexité du dossier.

Un premier débat apparaît, qui porte sur le légalisme. D'un côté, on rappelle l'autorité de l'Église, qui définit la discipline à partir de l'Écriture, de l'autre, on en appelle à d'autres Écritures (miséricorde, épisode de la femme adultère en Jn 8) pour montrer le caractère partial de l'Église dans l'appréciation disciplinaire. Ces deux positions sont classiques : d'une part, l'Église est la seule interprète autorisée de l'Écriture — la Tradition prévaut sur l'Écriture. D'autre part, l'Écriture est la « norma normans », la norme de la norme — et les fidèles sont habilités à l'opposer aux choix du Magistère. En l'occurrence, les auteurs des lettres ignorent le droit canon, pour qui les divorcés-remariés ne sont pas une question traitée. Il n'y a rien à ce sujet, mais on fait référence à une vulgate de paroles publiques.

L'indissolubilité du mariage n'est pas mise en cause, mais faut-il respecter la souffrance (surtout celle des victimes des divorces), et de quelle façon ? Ce débat n'est pas engagé, car les hostiles ne voient pas la nécessité de conférer aux souffrances une quelconque légitimité. Pour les favorables, au contraire, sous les habits de la miséricorde (qui est ici plus entendue comme une atténuation de la souffrance, un remède, que comme une réduction de peine accordée au pécheur/fautif), il faut rétablir une légitimité à la deuxième union, qui sera validée par l'accès à la communion. Il semblerait qu'il y ait deux états de l'opinion publique : l'un qui serait sensible à la victimisation, l'autre qui ferait passer en premier la loi sociale (catholique). Au fond, on peut se demander « ce qui fait loi » : la loi positive, ou bien le lien social qui serait toujours à reconstruire ?

Il n'est jamais mentionné, en outre, que les préparations au mariage pourraient être renforcées, ni que les difficultés des couples pourraient être assistées par l'Église. Manifestement, la « prévention » n'est pas une doctrine qui a cours. C'est relativement curieux quand on pense à la place prise dans la santé par l'insistance sur la prévention des maladies, et dans la société par le souci de l'avenir (développement durable, écologie). Que penser de ce fossé entre un mode de pensée qui irrigue le corps social, et les pratiques ecclésiales (la fameuse « pastorale »), qui ne sauraient en faire l'objet ?

Si nous envisageons l'article du *Pèlerin* comme une illustration de cet état de l'opinion — un article suscite des courriers, on peut estimer qu'il a donc anticipé sur son lectorat —, nous confirmons notre impression d'une zone de fracture majeure pour le catholicisme en France.

Les journalistes ont voulu donner la parole à plusieurs couples de divorcés-remariés, ainsi qu'à un homme qui ne s'est jamais remarié. Ils fournissent également divers aperçus sur les stratégies mises au point par certains acteurs institutionnels pour affronter la difficulté. Sans surprise, les couples interviewés expriment leur difficile acceptation d'une règle non écrite, telle que l'a formulée le pape Jean-Paul II : le divorce ne rompt pas le mariage sacramentel, mais les remariés ne peuvent pas être admis « à la communion eucharistique, car leur état et leur condition de vie sont en contradiction objective avec la communion d'amour entre le Christ et l'Église ». Certains couples militent cependant activement dans leur paroisse et participent à la communion (de leur propre chef, ou encouragés par un prêtre), d'autres s'en abstiennent. Tous disent leur souffrance.

Cette souffrance est prise en charge par des sessions accessibles à tous, comme celles organisées par le Chemin Neuf (charismatiques), ou bien par des groupes de parole dans les paroisses (Mission de France). Les évêques conscients de cette situation ont admis la possibilité de prières lors des remariages civils, sous la condition qu'elles se démarquent liturgiquement d'une cérémonie de mariage. Les propositions qui sont mentionnées dans l'article par les journalistes sont parfois diocésaines : à Strasbourg, l'accueil des divorcés-remariés est une action impulsée par l'évêque. Les limites sont malgré tout vite atteintes ; hormis certains prêtres, qui en appellent à l'imprescriptible décision de la conscience éclairée (suivant Thomas d'Aquin), aucune parole publique ne franchit la ligne tracée par Rome.

Cette situation met en échec un autre point du dispositif classique de gestion de l'appartenance catholique, la pénitence. Nous l'avons déjà évoqué. Elle fait partie des sacrements réitérables, qui accompagnent normalement la vie du fidèle catholique. Eucharistie et Réconciliation pour la théologie, communion et confession pour la compréhension commune se commandent l'un l'autre, parce que la confession conditionne l'accès à la communion : le fidèle est tenu de confesser ses péchés graves avant d'accéder à la communion.

Une difficulté de taille surgit alors : cette gestion de la culpabilité et de la faute porte sur des actes, qui sont par définition ponctuels. Or, le mariage est un état de vie, il est durable. Il n'est donc pas possible de gérer la faute commise par les fidèles lors d'un mariage après divorce… Xavier Lacroix, théologien membre du Comité consultatif national d'éthique, reconnaît cette difficulté. Il propose justement d'assigner une limite à la pénitence :

> Pour que la pénitence prenne un sens dynamique, il faut y poser un terme. Pourquoi pas sept ans, durée habituelle dans l'Église ancienne ? […] à la suite de quoi [les personnes divorcées remariées] pourraient avoir accès au sacrement de réconciliation et à l'eucharistie[58] […].

Une telle reconnaissance manifeste donc l'échec du dispositif à gérer les situations nouvelles de la condition maritale, dans la Modernité française.

58. Xavier Lacroix, entretien dans *Le Pèlerin*, n° 6616 du jeudi 17 septembre 2009.

L'OPINION DES CATHOLIQUES

En dehors des sondages, qui sont toujours susceptibles de contestation, il est possible de prendre le pouls de l'opinion des fidèles catholiques en examinant ce qui est exprimé dans les synodes diocésains. Bien évidemment, la question des divorcés-remariés n'est jamais l'objet d'un synode, parce qu'elle relève de la discipline ecclésiale, donc de l'Église romaine tout entière. Un synode local n'a donc aucune légitimité à traiter le sujet. Cependant, lors des consultations organisées autour de questions choisies, cet « embarras » surgit. Le synode de Luçon en est un bon exemple, nous en ferons une rapide présentation.

Le synode de Luçon a rassemblé plus de 2 000 équipes de fidèles catholiques, de toutes conditions : laïcs, clercs et religieux (-ses) ; jeunes et vieux (une organisation spéciale pour les jeunes avait été mise en place) ; pratiquants et non-pratiquants, voire non-catholiques (mais c'est difficile à appréhender. Au total, plus de 12 000 personnes ont participé à des carrefours d'une première étape. Ensuite, la consultation a été réduite à mesure que le dispositif de sélection des thématiques pertinentes se poursuivait, comme dans tout synode. Une opinion catholique se dégage donc de ces carrefours.

Les quelque 2 000 dossiers de remontée de cette vaste consultation ont été relus et synthétisés par groupes de 80. Il est possible de travailler sur les dossiers eux-mêmes, à un coût en temps élevé. Mais on peut déjà, grâce à ces synthèses par groupes de 80, obtenir une bonne photographie de ce qui a habité les dialogues, filtrée par les qualités de synthèse des recenseurs. Nous disposons donc à la fois de résumés synthétiques et de citations, ainsi que de certains dossiers spécialement sélectionnés pour leur intérêt par les recenseurs. Le tri que nous avons ensuite opéré visait à rendre explicites les expressions des gens, qui s'égaillent un peu en différentes directions. Les remontées avaient été organisées pour les recenseurs en cinq grandes têtes de chapitre :

1) les personnes nommées ;
2) les expériences humaines et spirituelles décisives ;
3) ce qui est dit à l'Église/ de l'Église ;
4) vie de foi et relation à Dieu ;
5) les questions.

Le chapitre 3 est celui qui nous concerne le plus directement. Nous avons donc distingué quatre éléments de relecture pour comprendre ce qui était en jeu : a) ce qui représente une revitalisation d'éléments anciens : liturgies diverses, comportement et qualité du clergé, catéchèse ; b) les innovations issues d'une dynamique interne, c'est-à-dire proposées de l'intérieur de l'institution : interreligieux, diaconat, responsabilités confiées aux laïcs, place de la Bible ; c) les suggestions pratiques qui sont faites aux responsables ecclésiaux ; et d) les demandes d'adaptation à la culture contemporaine : dialogue et écoute, langage de l'Église, innovations pour les prêtres (mariage, ordination de femmes), divorcés-remariés. Il est évidemment possible de faire d'autres catégories, mais celles-là nous ont paru pertinentes.

Comment comptabiliser les items ? Une simple analyse lexicale ne suffit pas, car la densité des expressions varie en fonction des recenseurs. Par exemple, celui des dossiers numéros 721 à 800 signale que 24 dossiers mentionnent explicitement « divorcés, séparés, remariés », et que 48 dossiers mentionnent la famille. Il est donc impossible d'attribuer une pondération sans équivoque. Néanmoins, quelques données émergent de ce flot d'informations.

D'une part, les participants semblent s'attarder sur les demandes d'adaptation (d). Avec une grande insistance, sous la plume des recenseurs, reviennent les notions de « dialogue », de langage de l'Église qu'elle doit adapter aux gens, d'« écoute sans jugement ». Cela représenterait approximativement presque les 2/3 des expressions. Ensuite vient la revitalisation du dispositif liturgique (a), qui se concentre sur les messes du dimanche et les autres célébrations. Enfin les participants ont mentionné quelques innovations internes, au premier rang desquelles la place de la Bible (« parole de Dieu ») ; mais les mentions sont plutôt rares.

Redisons-le, il n'est guère possible de faire une analyse statistique rigoureuse à partir de ces données. Les propos qui vont suivre synthétisent donc une fréquence d'apparition des thèmes. Même si on suppose que les relecteurs ont « orienté » leurs synthèses, ils font entendre quelque chose des préoccupations des gens.

D'une part, le rapport des instances ecclésiales aux gens qui ne remplissent pas les conditions normatives de comportement : il est instamment demandé que l'attitude ne soit pas de stigmatisation. On réclame à l'Église qu'elle soit le lieu de l'écoute sans jugement, spécialement pour les divorcés-remariés, et un lieu de dialogue. Cet ensemble thématique préoccupe plus de 50 % des dossiers.

Ensuite, de façon un peu latérale pour notre propos dans ce chapitre, les fidèles réclament une plus grande considération pour la place officielle des femmes dans l'Église, avec, par exemple, la possibilité de les ordonner prêtres. Mais on réclame également avec insistance la possibilité de mariage pour ces derniers, sachant, comme le disent certains, que le célibat est de moins en moins « signifiant » dans la société. Pour terminer, la mention de l'inadaptation du langage ecclésial à la société contemporaine fait indéniablement souffrir les fidèles catholiques. Peut-être pouvons-nous relier cela aux questions morales, qui sont parfois mentionnées : éthique sexuelle, acceptation des homosexualités, bioéthique. Il n'est pas exclu que la position de l'Église sur les divorcés-remariés entre dans ce cadre. Seule une enquête approfondie par entretiens le validerait.

La requête massive des fidèles porte donc sur la façon dont l'Église comble l'écart perçu entre les comportements sociaux et le fonctionnement interne. Le dialogue prend ici une tournure exemplaire.

Selon une première approche, les catholiques demanderaient qu'il y ait plus de démocratie dans l'Église. Mais en prolongeant la réflexion, il est également possible de comprendre que le dialogue serait la nouvelle forme de lien entre des personnes qui sont satellisées par rapport à la tradition ecclésiale ou en souffrance sociale : dialoguer, non pas pour voter à la majorité, mais pour rétablir du lien. En témoigne cet extrait (dossier 1707) :

> une Église qui se remette en cause, à l'écoute des situations difficiles, douloureuses, en particulier les divorcés, et divorcés remariés ; que les personnes ne se sentent pas exclues — attention aux personnes « de passage » lors des cérémonies, souvent, seul contact avec l'Église ; une Église qui travaille à retrouver la force de l'Évangile et l'audace de se situer dans la société, oser se dire, prendre position et résister aux moqueries.

Les exemples de ce style sont nombreux.

Comment comprendre cette association d'une demande de dialogue couplée à une demande de légitimation des nouvelles pratiques de couple ? Curieusement, et comme si les fidèles eux-mêmes étaient en contradiction interne, ils réclament que l'institution considérée comme surplombante et hiérarchique — cette parole « romaine » qui est si souvent mise en exergue dans les médias — soit plus attentive à ce qui émane de « la base », des fidèles qui vivent sur le terrain. Cela signifie que ce qui est « du terrain » a besoin d'une caution forte ; or celle-ci, par définition, ne peut venir que d'une position « dominante », c'est-à-dire à la légitimité incontestable. En contestant la légitimité actuelle, ils se privent de sa caution… ! À tout prendre, nous sommes exactement dans la contradiction exprimée à propos des données sacramentelles elles-mêmes : pour valoriser le mariage (et le légitimer), il faut maintenir l'indissolubilité ; mais pour revaloriser et réintégrer les secondes unions, il faut affaiblir la première union. Ou encore, pour reprendre ce propos d'un ecclésiastique du début du XXe siècle : « J'aime tellement les traditions que je passe mon temps à en inventer. »

À moins de considérer deux niveaux de conjugalité, un mariage sacramentel, par exemple, et un mariage légitime mais non sacramentel, comme dans le monde orthodoxe, la situation est inextricable.

Pour interpréter dans toute son ampleur le mécontentement qui se fait jour à propos du mariage, il faut se référer à ce qui se passe dans le domaine concernant les clercs et religieux. La question de la préparation et de l'aptitude vient au premier plan.

Pour les prêtres, le parcours qui les mène d'une première demande, adressée par le candidat « qui a la vocation » à un responsable de la formation, jusqu'à l'ordination est long. On estime qu'il faut en général une dizaine d'années, entre le premier discernement, l'intégration au séminaire et les années de formation, la demande formelle d'accès aux ordres et l'ordination presbytérale. Les années passées au séminaire en occupent sept ans, au long desquels un discernement est effectué par les responsables pour savoir « si le candidat a les aptitudes requises » (question posée par l'évêque au début de la liturgie d'ordination).

Pour les religieux, on distingue habituellement les vœux simples et les vœux solennels. Le candidat se présente pour des périodes d'essai, qui comprennent en général un investissement exclusif — mais à durée limitée — dans la communauté. À la différence des prêtres, en effet, les religieux sont attachés à une communauté, qui représente leur lieu de rattachement principal, et à laquelle est associée une spiritualité propre. Le noviciat est la période de formation qui accompagne les vœux simples. Un délai s'écoule ensuite entre ces vœux qui ont été formalisés en comité restreint, et la profession solennelle qui signe l'entrée définitive dans l'ordre, le couvent ou la congrégation.

L'Église opte donc pour un jugement prudentiel pour admettre des candidats comme permanents religieux. Elle suppose que le discernement permettra de prévenir les difficultés qui pourraient se faire jour, et dissuade les candidats qui ne semblent pas convenir. Or, le mariage est sacramentel. Si son statut était identique en valeur spirituelle à ceux des personnels ecclésiastiques, pourquoi ne ferait-il pas l'objet d'un discernement analogue ? Et surtout, pourquoi ne serait-il pas organisé selon les deux étapes de la profession religieuse : un mariage simple, non solennel, qui pourrait être suivi ou non d'un engagement solennel — et sacramentel ? Le fait qu'il ne soit qu'un « état de vie » justifie certes que la préparation et le discernement sur les aptitudes soient réduits ; en ce cas, pourquoi ne pas accepter qu'il soit réitérable ? Il est logique que les laïcs opèrent un rapprochement entre la longue préparation réclamée aux ecclésiastiques et le faible investissement que l'Église accorde au mariage.

Ce rapprochement permet de mesurer combien la distinction entre monde laïc et monde clérical fonctionne à l'avantage du deuxième. La fracture qui s'est ouverte entre la culture française et la discipline de l'Église catholique est révélatrice d'une manière de penser l'organisation interne de l'Église. Nous verrons à l'issue de l'ensemble des dossiers que là se trouve un enjeu vital pour l'avenir du catholicisme.

DÉRIVE DES CONTINENTS

Il résulte de cette position catholique une série de questions fort intéressantes sur le rapport à la modernité. La première, bien naturellement, est celle de la formation d'une opinion publique catholique, et son corollaire : quel rôle joue-t-elle dans le gouvernement de l'Église catholique romaine ? La démocratie participative que nous voyons fonctionner dans les synodes diocésains en France peut-elle déboucher concrètement ? Une tension entre cette forme de gouvernement, héritée du modèle politique séculier européen, et la constitution hiérarchique de l'Église catholique romaine est à résoudre.

En deuxième lieu, il faut se demander comment les fidèles véhiculent le rapport à la discipline telle que leur Église la diffuse. Quels sont les arguments qui apparaissent dans leurs propos ? Comment les développent-ils ? L'exploration des débats qui accompagnent tout dossier sur le divorce et le remariage donne un signal instructif sur la pénétration des argumentaires idéologiques — donc, sur la réceptivité des fidèles aux instructions romaines.

Les deux premières interrogations portent sur la gestion par les fidèles de l'écart entre les normes sociales et celles de leur groupe d'appartenance. Elles ne remettent pas en question les normes sociales, car c'est du ressort des autorités ecclésiales. Mais on peut déceler, à travers les débats, que ces normes sociales ne laissent pas en paix les fidèles. Si une opinion catholique se forme à propos de la pertinence des normes de la société globale, il n'est pas inutile d'en explorer les contours. L'argumentaire est au premier plan, à travers la façon dont les fidèles qui sont au premier chef concernés — les divorcés-remariés — mesurent l'écart avec ces normes sociales, en validant les normes catholiques. Qu'est-ce qui fait autorité pour juger que le catholicisme n'est pas complètement soluble dans la modernité ?

Le dossier « divorcés-remariés » s'avère donc exemplaire d'une zone de fracture pour l'institution catholique à plus d'un titre. Il met en jeu la dimension politique, les imaginaires sociaux, l'organisation interne de l'Église, le rapport Église-Monde.

Une dimension politique, d'abord. Les fidèles sont en train de demander à l'Église un mode d'exercice de l'autorité qui tranche avec sa pratique habituelle. En requérant du dialogue, un langage adapté et dépoussiéré, en lui demandant de statuer sur une nouvelle configuration de la conjugalité, ils mettent en jeu le modèle d'autorité magistérielle. En effet, c'est par un long travail d'élaboration dans des commissions coordonnées par la curie romaine que les inflexions dogmatiques majeures sont mises au point. La question posée à l'institution par les divorcés-remariés conduit à remettre en cause ce schéma d'élaboration, et à accorder aux fidèles laïcs une légitimité politique, toujours respectueuse cependant de l'autorité légitimante : en fait, le peuple peut-il susciter des remises en cause des lois en raison de la souffrance vécue par les membres, désormais majoritaires ? Une souffrance des fidèles a-t-elle autorité pour ouvrir un conflit avec l'Autorité ?

Le niveau politique prend appui sur la dimension de l'imaginaire social. Le courrier des lecteurs, qui embraye nettement sur les témoignages cités longuement dans le magazine *Le Pèlerin*, révèle que deux imaginaires sociaux antagonistes structurent aujourd'hui les fidèles catholiques. D'un côté, dans la défense du *statu quo* de l'institution ecclésiale, des fidèles pour qui la mise en ordre par des lois objectives garantit la permanence de l'identité (*dura lex, sed lex*). La souffrance du désaccord entre les pratiques et les lois est un « dommage collatéral » — on pourrait dire, sans doute, que la souffrance est l'expression objective d'un désordre lié au péché. Nous verrons cette position à propos de la bioéthique et de l'éthique sexuelle. De l'autre, les fidèles qui prennent appui sur la souffrance générée par l'inobservance des lois, qu'ils vont mettre sur le compte d'une certaine fatalité (celle des mœurs sociales, des difficultés psychoaffectives, etc.). Ils ne sont sans doute pas en position de victimes, mais demandent à l'ordre sociorelígieux de combler l'écart entre les mœurs sociales et les lois du groupe catholique, en soumettant les lois au bien-être des personnes.

Notre hypothèse est que le *lien social devient l'objectif à atteindre*, et que les lois de l'Église doivent y contribuer. Donc, ce ne serait pas seulement une mise en cause *politique*, à la façon, par exemple, des « hérétiques » du Moyen Âge, mais une autre représentation des relations Église-Monde : l'Église devrait assurer par son dispositif un renforcement des choix que les grands courants culturels s'efforcent vainement de finaliser. Si tel est le cas, il n'y a plus de contradiction chez les fidèles. Ils constatent que la société propose de nouveaux modes de vie, qui génèrent de grandes souffrances humaines (divorces, séparations) et affectent le lien social. Ils se retournent alors vers l'Église, lui demandant de mettre sa vision du mariage (entendu au sens de stabilisation des relations de couple) au service de la réussite de ces nouveaux dispositifs de vie. Ce serait le sens profond de la concomitance d'une revendication de dialogue et d'une demande de légitimation des nouveaux couples.

Le rapport Église-Monde est aussi l'enjeu du dossier des divorcés-remariés au-delà (ou en deçà) des imaginaires sociaux. Nous ne mentionnerons ici que la question de la Pénitence. Nous avons vu que le dispositif qui régit depuis des siècles l'appartenance catholique est le couplage de la communion et de la confession. Selon la vieille tradition catholique, un fidèle ne peut pas aller communier en état de péché grave ; heureusement pour lui, la confession de ses fautes et l'absolution reçue lèvent l'obstacle. La confession ne gère cependant que les actes, par essence ponctuels, tandis que la situation matrimoniale porte sur un état de vie, donc du durable. Le couplage pénitence/communion ne peut plus fonctionner, et les fidèles se retrouvent sans possibilité de résorber l'écart par rapport à la norme, ils sont de fait « exclus » de la communion. La société fait exploser les modes de gestion ecclésiaux, l'Église affronte une situation inédite pour elle. Le monde impacte l'Église, qui est sans ressources pragmatiques disponibles. Le continent catholique maintient sa ligne, et la dérive du monde creuse la faille ; le catholicisme pourrait devenir, dans la société française, une culture régionale.

Chapitre 5

Le corps de l'Autre, l'autre du corps

Les embarras du catholicisme, en France, sont parfois suscités par des prises de position qui échappent largement au pouvoir propre des évêques de France. Pour tout dire, l'institution romaine, en tant qu'elle constitue une hiérarchie supranationale, est un facteur potentiel de fracture. Le dossier des divorcés-remariés en est un exemple manifeste. On y ajoutera, pour faire bonne mesure de ces impasses, le vaste ensemble constitué par l'éthique sexuelle et la bioéthique. Les deux domaines confinent en effet l'un à l'autre. Pour la doctrine catholique romaine, l'institution du mariage régule la vie sexuelle, elle est le seul lieu légitime de son exercice. La vie sexuelle est donc dans un continuum de sens avec les questions de procréation, qui ouvrent elles-mêmes sur la bioéthique par le truchement des PMA (procréations médicalement assistées et ce qui tourne autour de l'embryon), et avec la maladie lorsqu'il s'agit de traiter des maladies sexuellement transmissibles, en particulier du Sida.

En 2009, l'affaire de la petite fille brésilienne a mobilisé contre l'Église les opinions publiques. Elle est significative de ces interactions, parce qu'elle associe l'ensemble des domaines : la sexualité, d'abord, puisqu'il s'agissait d'un viol ; l'enfantement, car elle était enceinte (hors mariage), et l'avortement puisque, selon le corps médical, elle devait interrompre sa grossesse en raison d'un risque élevé de mort pour elle ; enfin les autorités, médicales d'une part, ecclésiastiques d'autre part (l'évêque). Se trouvent croisés là quelques enjeux majeurs qui conduisent à la divergence des cultures catholique et laïque en France.

Par quel biais aborder ce thème ? Comment rendre compte de la position intransigeante de Rome — pas toujours suivie par les épiscopats français, reconnaissons-le —, relayée parfois obligeamment jusqu'à la caricature par les médias ? Deux préalables s'imposent à qui veut tenter une explication.

Une première précaution consiste à cerner convenablement les domaines dont on veut traiter. Dans l'affaire de la petite Brésilienne, la question de la sexualité n'a été abordée que sous l'angle de son désordre : un viol ; l'essentiel du propos portait sur l'opposition entre un corps médical, qui voulait l'avortement, et l'évêque, qui s'y opposait. Mais si l'on parle de l'exercice de la sexualité, l'Église affiche des positions qui dépassent cet exemple : l'épidémie de Sida fournit un premier ensemble cohérent. Tout ensemble sont posées les questions du plaisir sexuel hors relations conjugales, de l'homosexualité, de la prostitution (y compris celle des mineurs), des instances sociales de régulation — donc de la culture associée à l'exercice de la sexualité. Contiguë à cet ensemble, la question matrimoniale, avec la légitimité de la contraception et de la régulation des naissances, mais aussi, là encore, des finalités de la sexualité dans le mariage, et l'extension de l'institution matrimoniale aux personnes homosexuelles.

L'épisode de la petite Brésilienne ouvre un autre pan de débats. Il porte sur la légitimité morale et sociale du corps médical, voire des autorités publiques. On le voit mieux dans les questions touchant à la « bioéthique », c'est-à-dire tout ce qui concerne le corps humain en tant que malade, fragile, limité et sujet à extinction. Manipulations génétiques et clonage, assistance médicale à la procréation, euthanasie et acharnement thérapeutique, soins palliatifs. Or, sur toutes ces questions, malgré les nuances de textes magistériels, à l'argumentation plus subtile qu'il n'y paraît dans le grand public, des courants catholiques s'efforcent avec succès de rigidifier les positions. L'opinion publique en retient l'idée d'un refus quasi systématique du progrès scientifique, ou plutôt de l'assistance que celui-ci apporte à la gestion de sa vie quotidienne.

Est-il légitime de relier tous ces débats et de les associer dans une même perspective ? On serait tenté de répondre par la négative, tant ils font l'objet de champs scientifiques distincts. Les moralistes le signalent abondamment, dont les articles et les thèses s'efforcent constamment de délimiter un champ scientifique d'argumentations sans s'aventurer en dehors. Quoi de semblable entre les préoccupations sur le clonage humain et celles sur les finalités de la sexualité ?

Mais si ce n'est pas par le contenu des débats, foisonnant et vaste, nous pouvons trouver un point commun : le corps humain. Il semblerait, à parcourir rapidement quelques décennies de polémiques, que l'Église catholique y voie un lieu de cristallisation, pour elle vital, de la confrontation avec la Modernité. Un bras de fer est engagé autour du contrôle du corps : relève-t-il des instances religieuses, ou bien d'autres instances sociales ont-elles le droit d'édicter de nouvelles normes, de promouvoir d'autres pratiques ? Il semblerait que le rapport que l'individu entretient avec sa « biologie » — pour résumer hâtivement — soit devenu central dans l'Europe occidentale, et emblématique d'une Modernité qui inquiète l'Église. Ce faisant, l'Église désigne elle-même un ensemble cohérent, pour lequel elle élabore un discours que l'on qualifie souvent de « crispé ». Une interview du cardinal Ricard, archevêque de Bordeaux, pourrait être interprétée en ce sens :

> Les deux principes fondamentaux mis en œuvre [dans l'instruction romaine *Dignitas personae*] sont les mêmes que ceux qui présidaient à la réflexion dans *Donum vitae* : le respect inconditionnel de l'être humain depuis sa conception, et l'importance de ne pas dissocier l'acte de procréation de l'acte qui exprime l'amour réciproque entre un homme et une femme dans le mariage[59].

59. Jean-Pierre Ricard, entretien au journal *La Croix*, 11/12/2008. Le cardinal est membre de la Congrégation pour la doctrine de la foi, et a participé à l'élaboration de l'instruction romaine *Dignitas personae*.

Les moralistes ont tenté de faire remarquer, au sein de l'institution, que le traitement moral des affaires sociales empruntait à une tout autre perspective que celui appliqué à la gestion du corps :

> On ne peut s'empêcher de penser que l'Église catholique a une manière de penser différente quand il s'agit du social et quand il s'agit du sexuel. [...] Dans le premier cas, elle distingue dans le jugement moral plusieurs niveaux, se gardant de les confondre. L'autorité n'entend pas se prononcer à tous ces niveaux également ou avec la même force. Dans le domaine de la morale sexuelle, l'Église ne distingue apparemment plus les mêmes niveaux et le langage adopté est surtout un langage de normes, de licéité et d'illicéité[60].

On ne s'étonnera donc pas que le fossé ainsi pointé provoque un embarras dans l'opinion, ainsi que dans les institutions parties prenantes de ces débats éthiques. Pour résumer le problème : l'individu catholique du XXIe siècle a-t-il le droit, grâce à la Science, d'user de son corps comme il l'entend ? L'Église tente de maintenir l'idée selon laquelle le corps est l'enjeu d'un rapport à l'altérité — donc, à Dieu —, et qu'en ce sens, l'individu ne pourra jamais s'approprier son corps, qui demeurera toujours, selon l'Église, « le corps de l'Autre » :

> Pour l'Église, le langage de la nature est aussi le langage de la morale [...] Respecter la biologie, c'est respecter Dieu lui-même et, partant, sauvegarder ses créatures[61].

Face à elle, les instances scientifiques et sociales, relayées par le politique, tiennent pour la perspective que les progrès dans l'humanisation

60. Jean-Yves Calvez, « Morale sociale et morale sexuelle », *Études*, n° 3785, mai 1993, p. 641-650. Cit., p. 641.

61. Joseph Ratzinger, *Les principes de la théologie catholique*, Paris, Téqui, 1982, p. 113 ; cité par Martine Sèvegrand, *L'affaire* Humanae vitae, *l'Église catholique et la contraception*, Paris, Karthala, 2008, p. 148.

et dans la culture transforment le rapport au corps, ouvrent des perspectives nouvelles pour que la Raison (scientifique) soit au service de la volonté personnelle des individus : « l'autre du corps » peut être subordonné à l'esprit humain, au raisonnable :

> Mais elle peut être aussi comprise comme un arrachement aux pesanteurs et aux (fausses) contraintes de la nature pour aller vers une humanité affranchie au sens où elle serait capable de définir entièrement les conditions de son autoproduction et de sa reproduction ; une humanité qui serait sans arrêt en train de se faire d'une façon nouvelle et qui, si imprévisibles que soient ces novations, irait dans le sens de sa pleine réalisation[62].

Exprimé ainsi, le débat n'est-il alors que de l'ordre théologique, puisque l'on sait que le travail scolastique illustré par Thomas d'Aquin a été construit sur une représentation de la nature humaine perçue *douée de raison*, et que cette dernière pouvait et devait dominer (c'est-à-dire : subordonner) les instincts de la nature biologique (et sociale) ? Par une curieuse inversion, la Science offrirait aux individus ce que l'Église lui refuse, la domination de la raison sur le biologique ! Si on en reste à un débat d'idées et de conceptions de la nature humaine, on risque d'opposer un corpus de justifications à un autre. Exercice fastidieux et sans débouché.

Le deuxième préalable est donc ici, pour une meilleure compréhension de la position de l'Église, le renoncement au débat théologique ou philosophique. Les sciences humaines offrent d'autres pistes pour analyser les logiques exprimées par les institutions publiques — et le catholicisme en est une —, restant sauves les logiques internes propres aux discours de la justification (le théologique).

Au vrai, les acteurs publics que sont la société française et l'Église catholique déploient de part et d'autre des discours dont il s'agit de démêler les fils, en repérant quels équilibres sociaux et politiques internes sont en train de se modifier. Chaque institution est composée

62. Luc Boltanski, *La condition fœtale*, Paris, Gallimard, 2004, p. 325-326.

d'acteurs, qui ont des intérêts à sauvegarder. Dans le dossier qui nous occupe, le corps de l'individu est devenu le nœud qui articule des débats. Ce sont des débats vis-à-vis de l'extérieur, mais il ne faut pas oublier ce qu'ils produisent en interne. Pour être plus directs, nous nous poserons donc la question de qui a intérêt dans l'Église à déployer une logique morale plus rigide au sujet du corps qu'au sujet de la vie économique et sociale. Au profit de qui ou de quoi le maintien d'un fossé entre les opinions catholiques et l'appareil clérical est-il favorisé ?

Sans prétendre ici embrasser la totalité des vastes problèmes soulevés par les questions éthiques, nous chercherons surtout à construire la divergence qui se fait jour. Nous consacrerons un premier dossier à la question sexuelle, pour prolonger dans le second dossier sur le « corps malade », et la bioéthique. Le dossier sur la sexualité est en effet en prise directe avec les sujets sociaux, tandis que le dossier bioéthique n'affecte l'opinion publique qu'au travers des représentants de la science, de la médecine et des institutions sociales (droit et politique).

LE CORPS SEXUÉ

La première intervention romaine remonte à 1930. Elle a concerné la contraception et le comportement des couples catholiques. Martine Sèvegrand a bien mis en évidence toute la filière qui conduit des premières interventions alarmistes du moraliste Vermeersch, à l'encyclique *Casti conubii* de Pie XI[63]. Le pape a été sensible aux accents inquiets du moraliste, préoccupé par la chute de la natalité et la dépopulation qui risquaient d'affecter aussi bien la France que la Belgique,

63. Martine Sevegrand, *L'affaire* Humanae vitae, *l'Église catholique et la contraception*, Paris, Karthala, 2008 ; *Les enfants du bon Dieu ; les catholiques français et la procréation au XXe siècle*, Paris, Albin Michel, 1995.

et leur a donné le premier écho pontifical. Par la suite, les interventions pontificales ont ponctué l'opinion catholique, de façon parfois nuancée, l'intérêt désormais éveillé pour les questions de contraception, jusqu'à l'encyclique *Humanae vitae*, du pape Paul VI le 25 juillet 1968. Celle-ci signa un tournant dans l'opinion catholique, laquelle, selon Denis Pelletier, commença à s'éloigner silencieusement et massivement des injonctions pontificales :

> Le problème posé par *Humanae vitae* réside moins dans les réactions hostiles qu'elle suscite que dans la rupture silencieuse qu'elle opère entre nombre de catholiques et l'autorité morale de Rome[64].

De 1968 à 2008, les interventions papales ont constamment réaffirmé la validité des mises en garde *d'Humanae vitae.* Jean-Paul II, qui fut vraisemblablement un des rédacteurs de cette encyclique, la défendit avec vigueur pendant son long pontificat, tout en donnant une orientation plus personnaliste. Dans l'encyclique *Veritatis splendor*, il réaffirma avec force la valeur de l'enseignement moral de l'Église. Depuis plus de soixante-dix ans s'est donc construit un discours sur la procréation qui installe la curie romaine au centre des interrogations. Le débat n'est admis sur ce sujet qu'en référence à la position romaine, laquelle est élevée à un statut intangible ; seuls des aménagements seraient possibles.

Du reste, bien que la position romaine ait légèrement évolué, souligne M. Sèvegrand, elle est demeurée campée globalement sur les mêmes principes généraux. Elle s'arc-boute sur la doctrine traditionnelle du mariage que le concile de Trente avait organisée. On y trouvait définis trois objectifs :

> Pour ce qui est des motifs qui doivent et peuvent porter à se marier, le premier est fondé sur l'instinct des deux sexes qui fait qu'ils désirent

64. Denis Pelletier, *La crise catholique ; religion, société politique en France (1965-1978)*, Paris, Payot, 2002, p. 46.

> naturellement d'être unis dans l'espérance du secours qu'ils attendent l'un de l'autre [...]. Le second motif qui doit porter à se marier est le désir d'avoir des enfants, non tant pour les laisser les héritiers de ses biens et de ses richesses, que pour les élever dans la vraie foi et dans la vraie religion [...]. Ainsi le plus grand péché que puissent commettre les personnes mariées, c'est, ou d'empêcher par des remèdes la conception de l'enfant, ou de le faire avorter [...]. Le troisième motif qui peut porter à se marier, et qui n'a eu lieu que depuis le péché du premier homme, est de chercher dans le mariage un remède contre les désirs de la chair, qui se révolte contre l'esprit et la raison depuis la perte de la justice dans laquelle l'homme avait été créé[65].

À s'indigner peut-être aujourd'hui, on oublie que cette vision qui lie mariage, procréation et exercice de la sexualité faisait partie d'un ensemble. Il y avait une cohérence, qui était organisée autour de la confession et de la communion, recours ordinaires et réguliers pour la vie chrétienne. Ce système associait le particulier de la loi, à visée universelle, et le singulier de l'accompagnement (confession et/ou direction spirituelle), introduisant la dimension historique et graduelle. L'accompagnement singularisé disparaissant, il ne restait que la loi.

Si la communion (l'Eucharistie) est le sacrement par excellence, on ne peut y accéder sans des rites de pureté dont la clé de contrôle ecclésial est la confession. Tout ce qui est de l'ordre de la transgression est géré par le silence organisé autour de l'aveu individuel et secret au confessionnal. Cet ensemble définit donc un espace moral, borné par deux pôles : ce qui relève du désordre (nature animale, instincts, péché), ce qui relève de la maîtrise de soi. La confession (tribunal de la pénitence) prend en charge la transgression et le désordre, la communion sanctionne la maîtrise.

65. Marcel Bernos, *Les sacrements dans la France des XVIIe et XVIIIe siècles ; pastorale et vécu des fidèles*, Aix-en-Provence, Presses de l'Université de Provence, 2007, p. 230. L'auteur cite le *Catéchisme du concile de Trente de 1566* (Migne, Montrouge, 1844) d'après Pallavicini, *Histoire du concile de Trente*, t. 1, col. 336-337.

On peut donc à la fois tenir pour une certaine rigueur et gérer toutes les inévitables transgressions. Un laïc en délicatesse avec sa sexualité peut bénéficier du confessionnal, qui gère le problème de « moindre mal ». La doctrine du moindre mal peut s'énoncer ainsi : s'il n'y a pas de Bien, parce qu'il est trop inaccessible, on choisira en fonction du « moindre mal ». La sexualité relève de cet ordre : le pulsionnel est difficilement contenu par la raison et la norme, aussi est-il relégué dans la zone grise de l'inévitable :

> Les éléments de la réalité qui se trouvent ainsi tacitement *tolérés*, avec leur caractère négatif, ne sont pas radicalement refoulés ni rejetés dans les abysses de l'inconscient, même si on tend, autant que faire se peut, à les écarter ou encore, pour reprendre le vocabulaire d'Erving Goffman, à les « minorer » en les traitant comme s'il s'agissait d'incidences fortuites. [...] [Les personnes] auront ainsi tendance à éviter de le considérer trop longuement [le mal] et, sur lui, à *fermer* les yeux. Et elles auront pour cela une bonne excuse : qu'elles n'y peuvent rien. Qu'elles ne peuvent rien faire d'autre pour empêcher ce mal plus grand, que de fermer les yeux sur la part de mal, inévitable, qu'il faut bien alors tolérer[66].

Ce dispositif fonctionne correctement pour autant que les confesseurs manifestent une bienveillance — d'ailleurs inscrite dans la prudence du concile de Trente : une sexualité débordante dans le cadre du mariage (particulièrement lors des temps comme le carême) ne peut être considérée comme un péché grave. Or, le rigorisme bien connu de nombreux confesseurs et prélats, surtout marqués par la querelle janséniste, a conduit à la désaffection :

> Ce qui serait moralement souhaitable est-il toujours possible ? La réponse est en partie contenue dans la lente « démasculinisation » des pratiquants à partir du XVIIIe siècle sans doute moins par une contamination perverse de la

66. Luc Boltanski, *La condition fœtale*, *op. cit.*, p. 317. L'auteur parle de l'avortement, mais ses propos s'appliquent tout aussi bien au dispositif de gestion de la sexualité.

> « philosophie » que par le heurt quotidien avec des confesseurs rigoristes. Ceux-ci refusaient avec constance l'absolution aux hommes rendus responsables de pratiques sexuelles inacceptables, en particulier contraceptives[67].

La société confrontée à cette désaffection se doit de proposer de nouveaux modes d'interprétation et d'intégration de la pulsion sexuelle et du contrôle démographique. On voit donc émerger peu à peu de nouveaux points d'appui. C'est le cas dans la Modernité de la fin du XXe siècle, lorsque le corps avec ses pulsions est remis au centre de l'expérience de soi.

Lorsque le pape Pie XI intervient le 31 décembre 1930 (encyclique *Casti connubii*) pour s'insurger contre les risques de dépopulation, et raffermir la doctrine catholique (mise en péril dans l'opinion en raison de la décision des évêques anglicans, à Lambeth en août 1930, d'autoriser les méthodes de limitation des naissances), l'opinion du clergé en France n'est pas unanime. Déjà des argumentaires solidement établis circulent dans le clergé et l'épiscopat pour élaborer d'autres options doctrinales. Ainsi cette lettre inédite d'un vicaire parisien, en date du 6 septembre 1925, retrouvée par M. Sèvegrand[68]. Après l'avoir détaillée, l'historienne conclut :

> Les clercs qui n'appliquaient pas la doctrine officielle n'étaient pas seulement des exécutants indociles : c'est là une vision trop exclusivement romaine. Ces clercs avaient une formation qui leur permettait de penser leur pratique et d'élaborer une théologie justifiant leur conduite. Certains ont su réinterpréter la tradition pour s'adapter aux exigences du temps présent[69].

Le débat idéologique a donc toutes les allures d'une résonance politique. Le choix romain ne surgit pas à l'occasion d'un vide qu'il aurait fallu combler. La lettre du vicaire, qui fait écho à un article allemand

67. Marcel Bernos, *Les sacrements dans la France des XVIIe et XVIIIe siècles, op. cit.*, p. 229.
68. Martine Sèvegrand, *Les enfants du Bon Dieu, op. cit.*, p. 58-60.
69. *Ibid.*, p. 60.

publié dans la revue catholique *Hochland* en 1930, montre que les catholiques disposaient de pistes théologiquement sérieuses pour être discutées. Le fait que l'encyclique n'ait pas été la conclusion du débat en dit long sur le rapport politique voulu par Rome.

Un second indice qui rend crédible la piste politique est fourni par la deuxième grande étape des interventions papales, l'encyclique *Humanae vitae* du pape Paul VI. Elle a été fréquemment commentée, et Martine Sèvegrand l'a largement reprise avec les développements les plus récents du Magistère romain en la matière[70]. Elle souligne combien l'abandon de la hiérarchie des trois fins du mariage s'accompagne d'une volonté de lier celui-ci autour de deux significations qui ne sont pas dissociables : union et procréation. Une première chose change donc : on passe du mariage, justifié pour trois motifs, au mariage qui a deux significations. Le mariage n'est plus une institution sociale, il devient un mode de vie qui a du sens.

Il n'est alors plus question du devoir d'assistance mutuel qui, selon Trente, constituait le premier motif du mariage (motif, et non signification). Le R.P. Congar commente pour sa part auprès de l'épiscopat de France l'encyclique en soulignant la faiblesse des arguments fondateurs :

> Or, le fait qu'*Humanae vitae* n'invoque aucun argument ni d'Écriture ni de tradition (sauf les prédécesseurs) montre qu'il n'y en a pas vraiment. *Humanae vitae* se situe au plan de la loi naturelle en tant qu'elle exprime la volonté de Dieu créateur[71].

On ne saurait dire plus clairement que ce magistère de l'Église catholique romaine s'exerce en vue de fins qui échappent et à l'Écriture, et à la Tradition. Il faut donc supposer que la dimension de

70. Martine Sèvegrand, *L'affaire* Humanae vitae, *op. cit.*

71. Lettre confidentielle du R.P. Yves Congar adressée aux évêques français pour l'assemblée de Lourdes (novembre 1968) ; publiée par Martine Sèvegrand, *L'affaire* Humanae vitae, *op. cit.*, p. 157.

l'obéissance sous-tend, peut-être même à l'insu des promoteurs eux-mêmes, le discours ecclésial. Cette hypothèse est renforcée par la citation de J. Ratzinger (*cf. supra*), qui définit strictement l'exercice de la raison éclairée : elle ne peut en aucun cas contrevenir aux instructions de la nature biologique, en laquelle la volonté du Créateur s'exprime. Le concept de nature devient flou puisqu'il mêle souvent compréhension philosophique de la « nature de l'homme » et « respect des rythmes biologiques », de la sexualité féminine en particulier. La « conscience éclairée », qui était, pour Thomas d'Aquin, le tribunal par excellence où se jugeait, en dernier ressort, la moralité des conduites personnelles (fût-ce contre l'avis de l'Église, le sujet a autorité), est en quelque sorte suspendue au profit de la nature biologique : la liberté du sujet, contre le collectif d'une nature générique. Il s'agit bien du « corps de l'autre ».

Les termes du débat ont été prolongés et maintenus tout au long du pontificat de Jean-Paul II et, à ce jour, de celui de son successeur. La sexualité ne peut s'exercer légitimement que dans le cadre matrimonial, elle est conditionnée par la procréation, ce qui rend inacceptable la contraception, ainsi que les moyens mécaniques visant à dissocier jouissance et procréation. Donc, le fameux préservatif.

L'insistance romaine sur l'exercice de la sexualité a disqualifié le discours éthique tenu ensuite sur le « corps malade ». D'une part, lorsque sont apparus les moyens de pallier l'infécondité (fécondation *in vitro*, insémination, etc.), la mécanisation de l'acte sexuel qui en résultait a conduit fort logiquement l'autorité romaine à réaffirmer la primauté du biologique. Le refus de considérer une vie conjugale dans sa totalité, en réaffirmant que tout acte sexuel doit être ouvert à la procréation, favorisa un biologisme étroit, minimisant une compréhension plus globale de la vie conjugale. Cela rendit paradoxalement plus difficile la justification du recours aux méthodes naturelles de contraception. Autoriser l'introduction d'une distance médicalisée revenait à tolérer qu'une autorité non ecclésiale s'institue gardienne d'un acte traditionnellement confiné à l'intimité du mariage et géré par le confessionnal. D'autre part, les recherches scientifiques ont conduit à envisager le corps humain comme un lieu d'expérimentation où commencement et terme de la vie sont gérables : comment l'Église peut-elle alors entretenir un débat avec les instances médicales (scientifiques), alors qu'elle leur dénie toute autorité en matière de procréation ? La contradiction est inévitable.

LE CORPS MALADE

La bioéthique est née, comme on le sait, d'une interrogation sur l'instrumentalisation du patient, devenu objet de recherche (procès des médecins nazis à Nuremberg en 1946-1947, et scandales de certaines expérimentations aux États-Unis dans les années 1950). Les protestants américains, dans les années 1960 et 1970, ont compris que la science médicale mettait en péril le rapport de l'individu à lui-même. Il était devenu cobaye d'un certain nombre d'expériences visant à faire progresser l'expertise médicale, et sa santé vitale passait par la dépendance à l'égard du pronostic médical. Or, si l'on tient que l'individu est un sujet de droit — et les États-Unis sont le pays, la société sanctuaire de l'individualisme —, le débordement du savoir médical sur le corps humain entraînait une désappropriation de soi. La question éthique est née lorsque s'est fait jour ce constat alarmant que l'individu pouvait être manipulé par la science.

« Bioéthique » est le néologisme[72] par lequel on reconnaît aujourd'hui que la manipulation sans cesse croissante des constituants du vivant et du corps humain affecte le sujet social. La science rencontre les questionnements philosophique et religieux, qui définissent l'humain. Les limites de la vie humaine ne peuvent pas être touchées sans que les instances « idéologiques » de la société humaine interviennent. Autrement

72. Van R. Potter, *Bridge to the future,* Prentice Hall, 1971.

dit, la technique doit composer avec l'imaginaire social, et les constructions qui s'ensuivent.

L'Église catholique s'est introduite dans le débat « bioéthique » en tant qu'instance morale, gardienne d'une certaine vision de l'homme et du vivant. À ce titre, elle est entrée dans une sorte de compétition entre diverses formes de morales. En France, l'Église catholique a été instituée comme interlocutrice dans le débat éthique, entre autres, par le biais du Comité consultatif national d'éthique et du Conseil national du Sida. Elle est prise en compte parmi les « principales familles philosophiques et spirituelles », dans ce monde pluraliste qu'Anne-Sophie Lamine a très bien décrit[73].

Que l'Église catholique soit considérée comme une instance sociale productrice de sens et d'éthique ne pose pas de problème particulier. Au même titre que les autres religions établies, elle a fait ses preuves sur le sujet. Ses positions semblent malgré tout susciter l'embarras, spécialement auprès des fidèles qui, si on en croit la rumeur, ne la suivraient pas fidèlement, voire adopteraient des opinions divergentes. Comme nous l'avons déjà dit, nous ne disposons pas d'étude d'impact sur le discours de l'Église en la matière. Cependant, la bioéthique concerne prioritairement les usagers et les prescripteurs : services de remboursement de soins, corps médical. Les positions de l'Église catholique romaine touchent le plus souvent le grand public par l'intermédiaire de la controverse avec ces acteurs spécialisés.

73. Anne-Sophie Lamine, *La cohabitation des dieux ; pluralité religieuse et laïcité*, Paris, PUF, 2004.

LES POSITIONS DE L'ÉGLISE CATHOLIQUE

Ses positions sont parfois présentées de manière simplifiée, mais elles tournent autour d'un refus absolu de l'emprise médicale sur le commencement et la fin de la vie. L'embryon est considéré comme une personne à part entière, ce qui induit une impossibilité de toucher à sa formation (PMA — procréation médicalement assistée), à son devenir (utilisation des embryons surnuméraires issus de la PMA en vue de recherches sur les cellules-souches), et interdiction de l'avortement. La question des malformations décelables par diagnostic perfectionné pose la question de la sélection des embryons (implantation lors d'une PMA), ou de l'avortement thérapeutique (trisomie 21 par exemple) : l'Église catholique estime que cela s'apparente à un eugénisme déguisé, qu'elle dénonce impitoyablement.

À l'extrémité de la vie, elle s'oppose également à l'euthanasie, mais nuance sa position en reconnaissant le droit au refus de l'acharnement thérapeutique. Son soutien en faveur des soins palliatifs est manifeste et apprécié. En revanche, d'une façon qui satisfait plus qu'elle n'interroge les acteurs du monde médical, l'Église n'a vu aucune contre-indication au don d'organes. Certes, elle est vigilante sur les critères de définition de la mort, les modalités de répartition des greffons et la protection des personnes les plus démunies. Mais les déclarations pontificales sont claires à ce sujet : comme il s'agit de sauver une vie humaine, toute greffe d'organe s'apparente à un don en vue de la vie, elle est donc validée sans questionnement. Or, l'expérience médicale montre la complexité des réactions humaines en face de la présence d'un « organe étranger » dans son propre corps. Un « autre » est présent à l'intérieur de soi, et en menace donc l'intégrité.

Nous terminerons ce rapide panorama en rappelant que la position catholique officielle concernant la prévention de l'épidémie de Sida soulève d'intenses polémiques. L'utilisation du préservatif est proscrite (bien que le terme soit très rarement mentionné), au motif que cela favorise le découplage entre exercice de la sexualité et procréation. Puisque l'acte sexuel n'est légitime que dans le cadre des relations maritales (*cf. supra*, troisième motif du mariage : remède à la concupiscence), et que tout acte conjugal doit être ouvert à la procréation, utiliser un préservatif est un acte contraceptif. Toutes les relations en dehors du mariage doivent être régulées par le principe de continence, puisqu'elles sont illégitimes. Ce qui conduit certains groupes très minoritaires et extrémistes à estimer que le Sida serait la sanction de la désobéissance… ! Les instances officielles ont vigoureusement réfuté cette position. Face à la contestation de l'opinion publique, l'Église a reconnu l'usage du préservatif dans le cadre d'une panoplie de moyens pour éviter la propagation de l'épidémie, mais refuse de le reconnaître comme moyen exclusif.

On pourrait s'en tenir à énoncer les positions de l'Église, et à envisager qu'elles soient, comme bien d'autres positions éthiques, l'expression d'un groupe « régional » dans le plan des convictions sur l'homme. L'Église serait, en quelque sorte, l'expression de sa base populaire, analogue à tout groupe religieux ou philosophique. Position simplifiante, et simplificatrice, qui évacuerait le conflit interne à l'origine d'une fracture majeure pour les catholiques. L'Église vit en effet un rude conflit avec sa propre opinion des fidèles sur le sujet de la bioéthique. Elle fonde de surcroît sa position sur une prétention à l'universalité, qui cherche à s'immiscer dans le gouvernement éthique civil au nom de lois naturelles et rationnelles qui concerneraient tout homme. Loin de se considérer comme un lobby, à l'instar d'autres groupes religieux, l'Église catholique intervient pour définir le Bien éthique pour toute l'humanité. C'est le sens du recours constant à la notion de « droit naturel », qui fonde l'essentiel des réflexions éthiques catholiques romaines.

Il nous faut revenir sur la question des débuts de la vie, pour entendre ce qui fonde la position de l'Église. Selon elle, le processus biologique mis en œuvre pour la fécondation de l'ovule entame un processus irréversible, sur lequel l'homme n'a pas à intervenir. Parce que l'embryon est un homme « potentiel » (c'est-à-dire « en puissance »), et que les instructions génétiques de l'espèce humaine l'amènent, au terme du processus, à entrer officiellement dans le genre humain (naissance), on doit absolument préserver son existence, on ne doit interférer que pour faciliter le processus s'il rencontre un obstacle. C'est un « droit naturel » accordé par un Dieu créateur à l'origine d'un ordre moral et objectif, que l'homme doit reconnaître et ne pas remettre en cause.

L'Église a tiré d'un extrait de la Lettre de Paul aux Romains l'idée que la révélation divine sur la vie humaine serait accessible par l'intelligence humaine, qu'il suffirait de comprendre ce que dit la création pour entendre la voix de la raison divine :

> En effet la colère de Dieu se révèle du haut du ciel contre toute impiété et toute injustice des hommes, qui retiennent la vérité captive de l'injustice ; car ce qu'on peut connaître de Dieu est pour eux manifeste : Dieu le leur a manifesté. En effet, depuis la création du monde, ses perfections invisibles, éternelle puissance et divinité, sont visibles dans ses œuvres pour l'intelligence[74].

Au nom de ce principe, la Révélation ayant été « déposée » dans la Tradition exploitée par l'Église, c'est cette même Église qui en devient l'interprète la plus autorisée. C'est elle, de ce fait, qui définit un « droit naturel » valable pour tous les hommes, de quelque culture ou période historique que ce soit.

Ce mode de pensée est très voisin des données présentées dans le dossier sur les divorcés-remariés. L'indissolubilité du mariage est un axiome maintenu depuis des siècles, puisqu'on le trouve exprimé, par exemple, dans le concile d'Elvire au VIe siècle. L'échange des consentements, qui fonde en droit le mariage, est irréversible, il doit se déployer, quels qu'en soient les développements historiques et le contexte, jusqu'à épuisement du lien — concrètement, jusqu'à la mort d'un des conjoints. L'Église allègue pour ce faire le caractère irréversible de l'alliance offerte par Dieu, qui ne reprend

74. Romains, 1,18-20 ; traduction TOB.

pas sa parole ; de nombreuses références sont disponibles dans la Bible. Le recours à la Bible est cependant le fait d'autres confessions chrétiennes, qui, si elles ne remettent pas en cause l'indissolubilité du mariage, admettent cependant que la faiblesse humaine ou les circonstances historiques concrètes justifient une nouvelle union (ou une interruption de grossesse).

CORPS BIOLOGIQUE ET CORPS SOCIAL

On peut en réalité rapprocher le type de raisonnement développé par l'Église romaine de celui qu'a bien mis en évidence M. Revault d'Allones à propos de la différence initiale entre autorité dans la *polis* grecque, et *auctoritas* selon la perspective romaine antique :

> L'*auctoritas* agrandit, étend le principe de la fondation, elle fait perdurer sa vitalité. Elle assure, au moyen de la tradition, la continuité ininterrompue du principe fondateur à travers les générations. [...] L'épine dorsale de l'esprit romain réside donc dans cette triade autorité/tradition/religion, directement issue de l'acte de fondation[75].

On ne peut manquer de s'interroger sur la contiguïté entre les modes de raisonnement. Cependant, si M. Revault d'Allones rapporte cela à un mode d'exercice de l'autorité, elle n'en souligne pas moins que la constitution même de la « Ville », à savoir Rome, dépend de ce type de raisonnement :

> La Ville — *Urbs* — est une, unique : l'acte de sa fondation est irrépétable et l'énergie initiale du commencement ne peut être que perpétuée et renforcée dans le *continuum* temporel. La force liante de l'autorité est donc intimement liée à ce souci de la durabilité à travers l'institution[76].

75. Myriam Revault d'Allones, *Le pouvoir des commencements ; essai sur l'autorité*, Paris, Seuil, 2006, p. 58.
76. *Ibid.*, p. 59.

C'est la raison pour laquelle, à notre sens, la fermeté de la position catholique romaine en matière de bioéthique relève d'un élément proprement politique, c'est-à-dire constitutif de l'autorité elle-même. La dissociation entre l'acte sexuel et la fécondation, rendue possible par les moyens contraceptifs (pilule et préservatif), le contrôle du corps en sa capacité fécondante grâce à la médecine (PMA, élimination des embryons, avortement thérapeutique ou non) qui fait interférer l'acte scientifique avec l'inexorable processus biologique, ainsi que le détournement possible de l'embryon, qui peut devenir matière à soin, par la production de cellules souches, sont trois mises en cause radicales de l'irréversible et de la continuité. Elles confinent du même coup à la constitution de l'autorité : il y a, en quelque sorte, une parenté très forte de destin entre ce corps biologique, soumis à un processus indépendant de la raison, et le « corps » romain, qui a pris la succession de la Ville[77], et qui est susceptible d'une interruption de même ordre.

En 2007, à la suite de l'assemblée plénière de la Conférence des évêques de France, quelques évêques de France s'associent autour de Mgr d'Ornellas (archevêque de Rennes) pour rédiger le livre qui explicitera la position catholique dans les états généraux de la Bioéthique (premier semestre 2009). Il a été publié sous le titre *Bioéthique. Propos pour un dialogue*[78]. Ce livre a été distribué aux parlementaires. Romain

77. Ce fait devient patent dès la reprise du titre de « pontifex maximus » par Léon le Grand : « Au Ve siècle, saint Léon premier dit le grand se voit attribuer le titre honorifique de *pontifex maximus* et d'une partie des biens afférents. L'abandon de la ville de Rome par le politique laissait la place libre. Il sera en quasi-désuétude jusqu'au XVIe siècle où la revendication des États pontificaux et de la direction du monde le fera resurgir et même inscrire sur le seuil de la basilique Saint-Pierre. Alexandre VI Borgia en fera une titulature absolue. Il revendique d'être gardien des intérêts du Dieu dans l'univers. Ses successeurs feront resurgir une partie du protocole liée à ce titre, baiser de la mule, ne pas lever les yeux en présence du souverain pontife. » Jean-Marie Le Maire, communication personnelle.

78. Paris, Desclée de Brouwer, Lethielleux, 2009.

Blancaneaux en a décrit le processus de production, qui n'est pas sans intérêt pour notre propos[79]. La question de la légitimité de la parole catholique dans le débat se pose de façon assez particulière. Il ne s'agit pas, pour l'Église, de protéger ses fidèles, ses « ressortissants », comme pourrait le faire un groupe clos. Au contraire, l'Église a vocation à informer le monde civil sur ce qui est bon pour l'humain. Mais ses positions sont devenues régionales, particulières, elles entrent en conflit avec d'autres positions, soutenues par d'autres groupes de la société française. Comment légitimer l'universalité de la norme catholique ?

Le recours massif à l'expertise juridique, éthique et scientifique — un groupe d'experts a contribué à asseoir les positions des évêques — constitue la porte d'entrée pour faire franchir la frontière du groupe des fidèles. De la sorte, la parole des évêques devient plus diffusable, un langage commun ouvre la possibilité d'un échange. Le titre de l'ouvrage en est l'expression accomplie. Cependant, le dialogue proposé ne fonctionne qu'en direction de l'extérieur, car la position hiérarchique ne naît pas d'un consensus. Mgr Turini (évêque de Cahors) le commente ainsi :

> Au sein de l'Église, il devrait y avoir ce consensus. Mais quand on regarde les catholiques de France, on se rend compte aussi que, par rapport à des questions sur la contraception, etc., certains ont aussi leurs idées, qui ne cadrent pas avec ce qu'est la pensée de l'Église sur la question. Je crois que l'Église a pour mission, fidèle à l'Évangile et au Christ, de proposer une direction [...]. Après, au sein des catholiques, elle est reprise par certains, et d'autres n'y entrent pas. Ce qui est important, c'est que l'Église maintienne le cap qu'elle propose. Et qu'elle ne soit pas sujette aux idées du moment, aux réactions du moment des uns ou des autres, ou aux pressions des uns ou des autres[80].

79. Romain Blancaneaux, *Entre dogme et expertise ; le cas du groupe de travail sur la bioéthique de l'Église catholique de France*, Mémoire de recherche sous la direction de Claude Sorbets, IEP Bordeaux/université de Bordeaux, 2009.

80. Mgr Turini, entretien avec R. Blancaneaux, *in* Romain Blancaneaux, *op. cit.*, p. 70.

La position catholique sur la bioéthique, quelle qu'en soit la pertinence humaine — la science n'est sans doute pas mieux placée qu'une religion pour définir l'humainement admissible —, relève donc aussi d'une logique politique. On pourrait s'interroger sur les effets de boomerang de la publication d'un tel livre. Élaboré pour les états généraux de la bioéthique, il devient l'expression officielle de l'Église. Mais dans les désaccords internes, soulignés par Mgr Turini notamment, ne joue-t-il pas un rôle d'autorité, obligeant les fidèles en désaccord à l'adopter malgré eux comme norme, sous peine de se voir reprocher de faire le jeu de la société civile — donc, celui des adversaires potentiels ? Parce que le livre est reconnu par les états généraux, le contester en voulant manifester la possibilité d'une autre position catholique devient difficile.

Poursuivons l'analyse. Il est donc possible d'envisager une rationalité commune à trois moments du rapport au corps, que sont la procréation, l'avortement et les recherches sur les cellules souches provenant de l'embryon. Ces trois moments concernent le corps naissant, dont il ne faut en aucun cas interrompre le processus de développement. Certes, la rationalité théologique est avancée par les tenants de cette position officielle, mais le rapprochement que nous avons effectué avec les fondations de l'autorité dans un univers romain donne à penser que d'autres rationalités sont peut-être à l'œuvre. Il nous faut donc explorer plus avant les positions de l'Église romaine au sujet du « corps malade », et en discerner les logiques.

La maladie rend parfois périlleuse la « continuité » du corps. Elle interrompt le processus de développement ou d'accomplissement. La souffrance qui en résulte n'est pas plus appréciée par l'Église que par le reste de la société. On met parfois sur le compte du catholicisme dans les mentalités le retard de la France dans les soins de la douleur. Cependant, l'Espagne qui est tout aussi catholique utilisait largement plus que le corps médical français les soins anti-douleur. Nous avons déjà mentionné le fait que la doctrine catholique romaine est très favorable aux greffes d'organe, là où les associations d'usagers et les professionnels de la santé n'hésitent pas à s'interroger sur leurs conséquences. La position de l'Église n'est pas sans les étonner : elle semble privilégier la continuité du corps, sans envisager que le déplacement d'un corps à l'autre puisse modifier substantiellement la perception que le receveur ait de lui-même : un autre le fait vivre à l'intérieur de lui.

En revanche, il n'est pas question que l'homme décide par lui-même de la fin de sa vie. Le choix de mourir est contraire au don de la vie qui a été accordé à la naissance. Certes, la condamnation du suicide n'est pas aussi radicale que celle de l'euthanasie. On trouve, dans le Catéchisme de l'Église catholique, bien des circonstances atténuantes pour ceux qui recourent au suicide. Les progrès de la psychologie ont été intégrés par l'Église, le refus d'obsèques religieuses n'est désormais plus d'actualité. De façon très logique, l'institution ne refuse pas d'envisager une interruption de soins, de telle sorte que le malade ne soit pas l'otage d'une médecine qui ne pourrait pas prendre en charge, par des soins palliatifs, son propre échec à guérir, ou la simple évidence que chaque être humain finira par mourir. De ces trois exemples ressort plus distinctement le raisonnement implicite de l'Église : si l'individu demande à la médecine les moyens d'abréger ses jours, l'Église s'y oppose ; mais elle ne condamne pas avec la même vigueur celui qui recourt à d'autres moyens pour mettre fin à ses jours. Entre suicide et euthanasie, l'Église reconnaît l'existence d'une voie médiane : la médecine palliative, qui renonce à toute prétention à la guérison, et admet l'inéluctable mort du patient — sans toutefois la favoriser. Ce qui importe, pour elle, c'est que l'instance médicale (et scientifique) ne s'arroge pas le contrôle du terme de la vie. L'euthanasie est donc l'emblème de la lutte sur la définition de l'humain et de son devenir menée par l'Église contre la Médecine.

LA VÉRITÉ ET LA VIE

Commencement et fin de vie sont les deux points où l'Église est la plus susceptible, en matière de bioéthique. Le commencement est relié à la question de la sexualité, à ses désordres et à son ordonnancement par le mariage. Il y a donc une sorte d'enchaînement logique des domaines sur lesquels l'Église catholique romaine maintient une position ferme, sans concessions. Compte tenu des valeurs des Français, nous pouvons pressentir que l'opinion publique n'est à tout le moins pas en phase avec cette posture. L'inversion est même relativement frappante : les Français en tiennent pour la libre disposition de leur corps (vie privée), en conservant un sens aigu des nécessaires contraintes sociales ; l'Église catholique s'efforce de maintenir un contrôle des corps, tout en affichant une grande souplesse sur l'organisation sociale. Il est à se demander comment cette tension demeure productive…

Une hypothèse vient à l'esprit, qui a été développée de manière restreinte à propos de la sexualité. On pourrait la formuler ainsi, en nous appuyant sur ce que Jacques Lagroye nomme « régime des certitudes[81] » :

> [cette] expression désigne la prétention des clercs, et d'abord du pape et des évêques, à pouvoir seuls formuler et énoncer sans risque d'erreur — infailliblement — tout un corps de vérité, résultant d'une interprétation inspirée des actes et des paroles de Jésus, nourri par la connaissance d'interprétations antérieures, c'est-à-dire s'inscrivant dans la tradition de l'Église. Rien ne peut *a priori* restreindre cette prétention, puisque toute forme de vie sociale, et donc toute dimension morale des relations humaines, est concernée par le dessein de Dieu ; puisque, de surcroît, l'ordination transforme les clercs en « producteurs » de la vérité (ils font « réellement » advenir Dieu dans les sacrements[82]).

81. Jacques Lagroye, *La vérité dans l'Église catholique ; contestations et restauration d'un régime d'autorité*, Paris, Belin, 2006. Voir le chapitre 4.
82. Jacques Lagroye, *op. cit.*, p. 143.

Cette conception du rapport à la vérité hiérarchise les rôles, donc organise le débat qui pourrait avoir cours au sein de l'institution, comme l'Histoire en a fourni de multiples exemples. Elle est contestée notamment par les autres Églises chrétiennes, surtout en Orient, qui maintiennent la nécessité d'une expression conciliaire de la vérité.

Or, à propos de la sexualité et de la querelle sur l'accès aux ordres des femmes, il a été parfois allégué que ce régime des certitudes était étroitement associé à une catégorie sociale — les clercs — qui sont simultanément masculins et célibataires (continents). Le régime de certitudes est donc animé par une catégorie spécifique de chrétiens qui, en l'absence de remise en cause publique de leur autorité, doivent constamment justifier la permanence de cette même autorité. Depuis la partition conclue au Moyen Âge au concordat de Worms (1122), le pouvoir spirituel est distingué du pouvoir temporel, avec une primauté d'honneur en faveur du spirituel. Le premier revient à la papauté, les clercs sont exclus du paiement de l'impôt, ils administrent le « ciel ». Une Bulle du pape Boniface VIII intitulée *Clericis laicos* en 1296 révèle que cette partition est bien entrée dans les mœurs, au point que le « prêtre » n'est pas même mentionné, confondu dans la catégorie des clercs[83]. Le temporel est chargé de guider les humains dans leur vie pratique, et reconnaît la primauté du spirituel. Simultanément, l'Église a entrepris un vaste effort pour imposer le célibat ecclésiastique calqué sur la continence des moines (mais qui n'a jusqu'à ce jour que valeur disciplinaire). La portée du célibat ecclésiastique n'est pas définie idéologiquement par cette primauté d'honneur, mais elle lui est fermement attachée. Il est le signe que le spirituel est plus honorable que le temporel.

Admettre que les individus gèrent leur sexualité selon des critères qui ne soient pas tirés exclusivement du « régime de certitudes », par

83. Nous remercions Alain Boureau de nous avoir fait découvrir ce texte dans son séminaire.

exemple par un débat avec les clercs, en faisant appel à d'autres pistes théologiques ou d'interprétation des Écritures, fragilise dangereusement le régime de certitudes. C'est remettre en équivalence les clercs et les laïcs (par exemple), et donc prendre acte de la dissolution de la partition ancienne. Si le contexte socio-religieux n'est plus celui du XIIe siècle, dans une Europe où la préoccupation religieuse majeure était l'hérésie, si on admet que le contexte contemporain est celui d'un pluralisme religieux, alors la frontière passe entre catholiques et non-chrétiens, au lieu de passer entre catholiques clercs et catholiques non clercs. Le déplacement du régime de certitudes s'opère donc en faveur d'une remise en vigueur du débat propre aux périodes de pluralisme religieux.

Mais ce n'est qu'une hypothèse. Elle rend cependant compte de l'intensité du débat qui traverse de façon parfois feutrée le régime d'autorité de l'Église catholique, en France tout du moins.

SEXUALITÉ ET CONTRÔLE POLITIQUE

Éric Fassin a longuement travaillé les questions de sexualité dans les sociétés nord-américaines et européennes. L'évolution qu'il nous rapporte de l'émergence et du rôle joués par l'objet « sexualité » depuis trente ans en France et aux États-Unis éclaire la problématique de notre étude.

É. Fassin commence par noter le chevauchement de deux mouvements, en apparence contradictoires. Aux États-Unis comme en France, les questions sexuelles se sont invitées dans le débat public sous l'impulsion du féminisme militant et des mouvements homosexuels. Cependant, alors qu'aux États-Unis le sexe devenait l'objet d'une politisation dans les années 1980, en France les questions autour de la sexualité ne suscitaient plus de débat public. L'acceptation des lois sur l'avortement en 1975 et sur le viol en 1980 a certes satisfait une grande partie de l'opinion, désarmant toute mobilisation militante, mais le contexte culturel et politique a certainement joué. É. Fassin signale que les mondes universitaires ont fonctionné différemment : aux États-Unis, les féministes y ont trouvé un terrain d'exercice intellectuel, construisant peu à peu un langage autour de la sexualité et du genre. Le système universitaire français, organisé autour de programmes nationaux, a mis beaucoup plus d'années à intégrer ces mêmes études comme objet pertinent. Les chercheurs ont dû peu à peu abandonner leurs premiers objets d'études et suivre les cursus universitaires plus légitimes pour faire carrière.

Une première distinction est donc à faire entre la France et les États-Unis, où les questions sexuelles sont passées du statut *d'objet* dans le débat public, à celui de langage pertinent, surtout dans les années 1990 : « Le sexe fonctionne donc comme un langage pour penser la société américaine : ces auditions [de Clarence Thomas pour un poste de juge à la Cour suprême] ne sont que le théâtre sexuel d'un débat national qui ne s'arrête pas au genre et à la sexualité[84]. » Le déplacement intervient aussi pour ce qui concerne le débat sur l'homosexualité.

En France, aux années 1980 succèdent les années 1990 marquées par un retour en force des questions sexuelles. Le retour de la gauche au pouvoir en 1997 a mis en branle une nouvelle logique de progrès dans la Modernité. Autant la première accession au pouvoir des années 1980 avait conduit la gauche à afficher un réformisme, pour se démarquer de la rhétorique révolutionnaire — il fallait faire ses preuves —, autant elle a choisi le terrain des mœurs autour de la sexualité pour se « draper dans les habits du progrès[85] ». C'est alors que l'invention du Pacte civil de solidarité (PACS) et l'idéal de parité hommes-femmes deviennent les habits de l'universalisme républicain. Après quelques années de ce débat politique, les questions sexuelles sont devenues au début des années 2000 des sujets de controverse : harcèlement et violences sexuelles, pornographie, prostitution. Dix ans après les États-Unis, la

84. Éric Fassin, *Le sexe politique ; genre et sexualité au miroir transatlantique*, Paris, Éditions de l'EHESS, 2009, p. 237.
85. *Ibid.*, p. 239.

France débat publiquement sur les questions liées au sexe. La démocratie se mesure, dans l'opinion publique, à l'aune de la gestion de la sexualité.

On conçoit très clairement comment cette évolution affecte l'Église catholique :

> C'est justement parce que l'Église catholique est considérée comme un empire dans un empire, autrement dit, c'est en raison de sa structure hiérarchique, qui en fait pour beaucoup un élément radicalement étranger à la culture démocratique américaine, que les questions sexuelles s'y déploient ainsi, à rebours de l'évolution du débat public[86] .

On pourrait en rester à ce qui ressemble superficiellement à une théorie du complot : l'Amérique protestante chercherait à déstabiliser la puissance catholique, première diplomatie du monde, et la France laïque et anticléricale lui emboîterait le pas, ravie de l'aubaine. Ce serait faire fi de la profondeur du débat qui est ouvert par cette thématique, et qui est clairement perçu par l'Église lorsqu'elle s'arc-boute sur la « loi naturelle ». En effet, il faut entendre à travers le débat démocratique sur les questions sexuelles une interrogation sur ce qui relève ou non du choix social. Pour le dire autrement, est-ce qu'il y a des domaines de la vie humaine sur lesquels une intelligence humaine n'aurait pas le droit d'intervenir, parce qu'il en irait de l'acceptation d'une altérité, à savoir la divinité ? L'enjeu de la controverse porte donc sur la transcendance : comment trouve-t-elle une place dans la vie d'une personne et des sociétés ?

Le défi lancé à l'Église catholique dépasse largement un cadre national. Le catholicisme en France ne peut répondre seul à la question qui vient d'être formulée. Mais en n'entretenant aucun débat, et en acceptant de se ranger sous la bannière romaine, les catholiques de France accréditent l'idée d'un archaïsme du gouvernement de l'Église romaine,

86. *Ibid.*, p. 242.

faisant le jeu de la laïcité militante spécifique à leur pays. À ce titre, il n'est pas sûr que l'Église catholique puisse inverser la tendance à une désaffection des fidèles à l'égard de son discours moral.

Revenons à la question à laquelle aboutissait notre introduction du chapitre : qui a intérêt à ce que le corps de l'homme demeure le corps de l'Autre ? Nous avons articulé deux hypothèses. L'une porte sur le personnel ecclésiastique, l'autre sur les objectifs politiques, entendus au sens fort du terme. Les clercs auraient intérêt à évacuer le débat sur le choix, par les fidèles et les clercs eux-mêmes, du soin de leur corps. La Science (médicale) devrait alors être tenue en bride, de sorte que la dimension transcendante ait toujours une place incarnée dans le dispositif social. Bien entendu, les clercs compris en tant que catégorie religieuse socialement pertinente sont habilités, par leur mode de vie séparé, à monter la garde aux frontières de la conformité. La médecine relève de la faculté des arts, et la faculté de théologie la surplombe : la théologie, reine des sciences.

Il n'est pas interdit d'estimer cependant que le questionnement de l'Église catholique, indépendamment des effets de pouvoir interne (contrôle par les clercs) et externe (position de censeur social), ne recèle pas un brin de pertinence. Après tout, une science livrée à ses seuls intérêts de recherche monnaye ses résultats dans l'espace social et la culture politique, comme le souligne É. Fassin. L'Histoire sait ce qu'il en coûte d'être flatté par le pouvoir politique, surtout lorsqu'il perd son caractère démocratique. Adresser à la société tout entière des interrogations fortes sur les limites qu'elle assigne à l'intervention scientifique n'est peut-être pas une posture impertinente. Lui demander en outre de redéfinir le corps et son usage, et, par là, les limites de ce qui est humain, n'est sans doute pas précaution inutile pour conforter l'exercice démocratique. Mais selon quel modèle politique l'Église catholique peut-elle maintenir aujourd'hui la porte ouverte à l'Autre ?

Chapitre 6

PÉDOPHILIE

Le traitement des questions autour de la sexualité ne serait pas complet si on omettait les controverses qui agitent maintenant depuis bientôt vingt ans le milieu des prêtres : les crimes pédophiles. Le sujet déborde quelque peu le cadre géographique de cet ouvrage, il recouvre plus exactement l'aire occidentale : Amérique du Nord, Europe de l'Ouest. L'intensité des « affaires » est plus importante, semble-t-il, aux États-Unis et en Irlande qu'en France. Quoi qu'il en soit, une trentaine de prêtres sont à ce jour incarcérés dans les prisons françaises pour des faits de « pédophilie » — nous verrons comment il en est traité pénalement.

Le thème rejoint d'une part les préoccupations concernant la sexualité du clergé. Les autorités ecclésiastiques s'efforcent de contrer l'idée selon laquelle le célibat des prêtres les conduirait à une immaturité affective, pouvant, à terme, générer des abus sexuels sur mineurs. Par un autre côté, nous verrons que ce thème aborde des questions qui débordent largement la question de la sexualité. Il ouvre un questionnement sur la possibilité d'une opinion publique dans l'institution ecclésiale catholique romaine. Un sujet plus large que l'aire géographique à laquelle nous voudrions nous restreindre, mais dont le catholicisme en France ne sort pas indemne.

Le sujet a rebondi récemment avec le dossier brûlant qui concerne l'Irlande, suivi encore plus récemment par la résurgence de plaintes en Allemagne et en Belgique (démission de l'évêque de Bruges). L'indignation générale qui s'ensuit marque durablement la confiance dans l'institution ecclésiale — ou, plus exactement, dans l'institution ecclésiastique. C'est en effet chez les clercs que la question trouve un point de focale, à la fois les prêtres et les religieux qui sont sur le terrain, mais aussi sur leurs hiérarchies : évêques, cardinaux, jusqu'au pape lui-même. L'ampleur du traitement médiatique va de pair avec une vague d'indignation qui affecte les catholiques eux-mêmes. Curieusement, la France n'est pas touchée dans l'immédiat par une « vague » ; l'« extension du domaine de la lutte » ne s'est pas produite jusqu'en France, sans doute en raison de l'affaire « Pican » (évêque de Bayeux) au début des années 2000 qui avait déjà secoué les évêques et les fidèles. Les mesures prises par les évêques de France dans la suite de cette affaire auraient-elles eu des effets positifs ? En ce cas, comment comprendre la fragilisation de l'opinion publique qui s'installe dans l'opinion française ?

Vouloir traiter de la pédophilie est un exercice délicat. Tout comme pour la question bioéthique ou celles touchant au genre, il nous faut aborder le problème à la fois du point de vue médical (psychiatrique), du point de vue d'une sociologie des médias (concept de panique morale), avec un soupçon d'interrogation politique (statut du clergé), sans oublier une approche systémique. Bref, que peut-on dire ?

ÉMERGENCE

Lorsque les statistiques de la criminalité mettent en évidence des délits, elles considèrent les « agressions sexuelles avec violence », les « atteintes sexuelles sans violence », les crimes sexuels (viols), l'ensemble faisant partie des « atteintes sexuelles sur mineurs ». Ces crimes peuvent être aggravés s'il y a relation d'autorité entre auteur et victime, ainsi que lorsqu'il y a rémunération. La pédophilie n'existe donc pas en tant que telle sur le plan pénal :

> Curieusement il n'existe pas en France de qualification pénale de la pédophilie. Le mot pédophilie appartient au langage psychiatrique et aux sciences du comportement.
>
> Les magistrats ont recours contre les pédophiles au domaine des infractions sexuelles générales concernant les mineurs de moins de quinze ans, comportant éventuellement les circonstances aggravantes que constitue le fait d'être un ascendant légitime naturel ou adoptif ou d'être une personne ayant autorité sur la victime ou une personne qui abuse de l'autorité que lui confère [*sic*] ses fonctions (moniteurs, éducateurs, enseignants, religieux[87]...).

La notion est entrée dans le domaine de l'opinion publique des sociétés occidentales bien qu'elle ne fasse pas l'objet d'un accord entre les normes psychologiques et juridiques. Nous en évaluerons plus loin la conséquence. Comme pour le cas des débats sur la sexualité et sur le genre, que nous avons observé dans le chapitre précédent, deux facteurs ont concouru à faire émerger le thème. Les victimes, bien évidemment, qui se sont manifestées et ont trouvé des relais d'opinion ; et aussi une nouvelle génération de chercheurs préoccupés par l'égalité des sexes et les droits des enfants.

On regroupe ainsi des faits qualifiés par la psychiatrie d'éphébophilie ou bien d'hébéphilie — actes sexuels concernant des mineurs pubères — et ceux qui concernent les enfants impubères. La loi distingue de son côté les mineurs de plus de 15 ans et ceux de moins de 15 ans. On

87. Nadine et Jean-Marie Grafeille, *La pédophilie ou les maux d'enfants*, Paris, Ellipses, 1999, p. 68. Nous renvoyons le lecteur à l'excellent ouvrage de ces auteurs pour toutes les informations techniques complémentaires.

dira dans les journaux indifféremment qu'un homme qui a eu des attouchements sur une fille de 14 ans est pédophile, et qu'un grand-père qui a « tripoté » sa petite-fille de 3 ans dans son bain est pédophile. La dangerosité des actes est également regroupée en vrac, sans distinction.

Si on se réfère aux données scientifiques médicales, nous pouvons par exemple nous référer à la Classification internationale des maladies mentales établie par l'OMS (CIM 10), pour trouver dans le titre F65.4 :

> Préférence sexuelle pour les enfants, généralement d'âge prépubère ou au début de la puberté. Certains pédophiles sont uniquement attirés par les filles, d'autres uniquement par les garçons, et d'autres encore par les deux sexes.

La pédophilie fait partie du groupe des *paraphilies*, dans laquelle on trouve par exemple l'*inceste*. L'OMS classait la pédophilie en 1965 dans les perversions sexuelles, puis vers 1973 dans les déviations sexuelles, pour finir, en 1993, par être un trouble de la préférence sexuelle. En remontant jusqu'à la première occurrence du mot « pédophilie », nous trouvons le *Psychopathia sexualis* de Richard von Krafft-Ebing (1878) qui la décrit comme « un penchant érotique ressenti par un sujet pour les enfants impubères[88] ».

On voit donc que la notion a d'abord été élaborée dans le domaine médical, qu'elle n'a pas franchi les limites du domaine juridique, mais qu'elle est venue s'installer dans l'opinion publique, avec une application toute particulière en direction de l'Église catholique, aux États-Unis et au Canada d'abord.

En 1999, en France, on comptait 4 782 jugements rendus pour « atteinte sexuelle sur mineur », dont 3 436 « agressions sexuelles avec violence », 718 « atteintes sexuelles sans violence » et 628 « crimes

88. *Ibid.*, p. 11.

sexuels » (viols). Sur ce total, qui ne comprenait pas les affaires en cours, on peut estimer qu'environ 50 prêtres étaient concernés. La Congrégation pour la doctrine de la foi à Rome a publié récemment les chiffres suivants pour le monde entier : 400 000 prêtres environ dans le monde ; 3 000 accusations (60 % pour éphébophilie, 30 % sur des filles impubères, 10 % sur des garçons impubères[89]). Anne-Marie Saunal, psychanalyste, donne des indications pour la France : 3,4 % des actes sont le fait d'enseignants ou de religieux, 50,8 % de parents ou de proches, 34 % d'amis ou de connaissances[90].

Les faits de pédophilie sont donc réels et graves. Ils se produisent depuis longtemps, ils ont détruit des milliers de personnes, et n'ont pas cessé parce que l'opinion vient d'en prendre conscience.

Mais l'indignation qui surgit dans la fin du siècle dernier est plutôt une construction sociale sur laquelle il est important de s'interroger. Les années 1970 ont connu une opinion plus indifférente à ces faits qu'elle ne l'est aujourd'hui, quand elle ne prenait pas le parti des pédophiles eux-mêmes. Il existe depuis de nombreuses années un mouvement en faveur de la déclassification de la pédophilie comme perversion sexuelle ou maladie mentale. En 1979, l'Association hollandaise pour l'intégration des homosexuels associée à d'autres mouvements dépose une pétition pour demander la légalisation des rapports sexuels consentis entre enfants et adultes[91]. En 1980, cette association se déclare liée à la cause des pédophiles. En France, une littérature pédophile a droit de cité dans les médias. Le quotidien *Libération* publie les petites annonces de ceux qui cherchent des mineurs consentants de 12 à 18 ans. Gabriel Matzneff, écrivain engagé dans cette cause avec Tony Duvert, ose encore évoquer à la télévision française en 1990, devant Bernard Pivot, les petites filles de 12 ans qu'il met dans son lit.

89. *La Vie*, 18 mars 2010.

90. *Témoignage chrétien*, 18 mars 2010.

91. Wikipédia, art. « Pédophilie ».

Dès le milieu des années 1980, l'opinion se retourne peu à peu. En septembre 1988, la Journée nationale de lutte contre les abus sexuels est l'occasion pour que la télévision donne la parole aux victimes. À partir de ce moment, en France, les médias donnent la priorité aux victimes. L'affaire Dutroux en 1995 contribue à associer pédophilie et dangerosité criminelle (meurtre des enfants violés). Les années 1990 marquent donc un tournant dans l'opinion, qui prend fait et cause pour les victimes contre les pédophiles. Il faudra qu'un procès retentissant, l'affaire d'Outreau, jette le doute sur la sincérité des prises de parole (dénonciations, témoignages) pour que l'opinion commence à prendre une certaine distance sur le comportement pédophile. N. et J.-M. Grafeille soulignent les dangers d'instrumentalisation :

> Bien qu'il n'existe pas de statistiques à ce sujet, les fausses déclarations sont plus nombreuses qu'on ne pourrait le penser.
>
> Elles sont le fait de femmes qui veulent se venger d'un mari ou qui en cas de divorce imaginent ce biais pour leur refuser toute possibilité de garde d'enfant, d'un amant ou de quelqu'un qui justement ne l'a pas été, de femmes voulant protéger le vrai coupable, de femmes hystériques ou trop rigides pour s'insérer dans une vie sexuelle normale, d'enfants pervers (du latin *perversus, perversitas, pervertere*) qui ont un goût pour le mal et le plaisir que l'on en tire (action de changer le bien en mal), d'enfants mythomanes ou qui masquent une faute pour échapper à une punition, de parents qui confondent l'inflammation de la vulve d'une fillette avec les traces d'un coït ou qui veulent faire chanter quelqu'un, etc[92]..

La perception des faits de pédophilie est une affaire complexe. Elle repose d'abord sur la création du concept, et son acception par l'opinion publique : cent ans sont nécessaires ! Mais la fragilité de sa définition, qui doit passer du monde psychiatrique au monde juridique, puis

92. *La pédophilie ou les maux d'enfant*, *op. cit.*, p. 80.

au monde vécu par les gens, induit des possibilités de méprises. Après l'affaire d'Outreau, selon Anne-Claude Ambroise-Rendu,

> les développements de l'affaire dans laquelle sept accusés sur dix-sept seront d'abord blanchis avant l'acquittement en appel, le 1er décembre 2005, de six autres [...] contraindront les médias à un ultime revirement. La parole de l'enfant est l'objet de nouvelles prudences, l'expertise psychiatrique est relativisée, et la magistrature critiquée[93].

CONSTRUCTION SOCIALE DE LA PÉDOPHILIE

Il n'est pas interdit de réfléchir à cette « construction sociale » qu'est la pédophilie. L'idée centrale qui est proposée par les chercheurs est que tout crime ou tout délit fait l'objet d'un processus d'appropriation et de construction. À certaines époques, tel comportement est sévèrement puni, tandis qu'à d'autres ou en d'autres cultures il ne l'est pas du tout :

> La construction sociale est ainsi liée à l'idée que la notion de déviance, et donc de crime, est une notion relative (Hilgartner, Bosk, 1988). Des crimes nouveaux sont sans cesse créés, et des crimes anciens disparaissent. Les procès pour hérésie sont passés de mode, alors que la piraterie informatique bat son plein. La définition sociale des crimes nous parle de la société dans laquelle nous vivons [...]. Par ailleurs, la construction sociale met l'accent sur le rôle des médias. De tous temps, des institutions de contrôle social ont exercé un rôle régulateur[94].

93. Anne-Claude Ambroise-Rendu, *La pédophilie entre les lignes* www.revue-medias.com/la-pedophilie-entre-les-lignes, 178.html. Je remercie Christophe Chaland, de *Panorama*, qui m'a aimablement fourni le lien.
94. Mélanie-Angela Neuilly et Kristen Zgoba « La panique pédophile aux États-Unis et en France ». Champ pénal/penal field, *Nouvelle revue internationale de criminologie* ; http://champpenal.revues.org/340.

Neuilly et Zgoba rappellent dans l'article de la revue *Champ pénal* l'existence du concept de « panique morale », introduit par Stanley Cohen en Angleterre (1972), pour définir ces amples variations qui affectent l'opinion publique à propos des crimes. Ce sont des peurs qui traversent brutalement une société, et qui se cristallisent autour d'un objet précis : les tueurs en série, les bandes d'adolescents violents, les sorcières, etc. Les chercheurs montrent que des paniques peuvent s'effacer et resurgir ultérieurement, qu'elles sont le fait d'agents sociaux divers (politiciens, leaders religieux, journalistes). Aux États-Unis, une première panique à propos des enfants abusés date de 1894, qui donne lieu à une législation ; puis une deuxième vague dans les années 1930 porta sur les psychopathes sexuels. Dans les années 1980, le prédateur sexuel redevient l'objet d'une focalisation. Quelques affaires célèbres outre-Atlantique y ont contribué (« Polly Klaas », « Megan Kanka », « Amber Hagerman »), entraînant un durcissement des législations. En France, les premiers signes concrets d'une cristallisation de l'opinion sur les affaires d'abus sexuels sur les enfants remontent au XIXe siècle, avec une augmentation régulière des affaires entre 1825 et 1880[95], au point que celles qui concernent les enfants dépassent celles portant sur les adultes dès 1835. L'opinion publique, si l'on en croit le dépouillement des journaux de l'époque, s'indigne déjà lorsque les abus sexuels sur les enfants sont le fait de prêtres ou d'enseignants.

Les années 1980 ouvrent donc une nouvelle période dans l'histoire de ces phénomènes d'opinion, avec une émergence simultanée sur la scène des États-Unis et la scène française. Suivant l'hypothèse de la « panique morale », qui insiste sur l'idée d'un miroir de société, la fin

95. J.M. Donovan, *Combating the Sexual Abuse of Children in France, 1825-1913*, Criminal Justice History, An International Annual, 15, 59-93 (1994). Référence par Mélanie-Angela Neuilly et Kristen Zgoba, *La panique pédophile aux États-Unis et en France.* Art. cit.

du XXe siècle traduirait une inquiétude latente de l'opinion occidentale — s'appuyant sur des faits réels et préoccupants, n'hésitons pas à le redire —, qui se cristalliserait sur le devenir des enfants. On pourrait à titre d'exemple rapprocher les préoccupations sur la pédophilie de celles sur la préservation des ressources de la planète. Le « développement durable » surgit dans l'opinion publique au même moment : première mention (*sustainable development*) en 1980, déploiement dans l'opinion publique au début des années 1990 (Sommet de la terre de Rio de Janeiro en 1992[96]).

Une autre piste apparaît avec les historiens et les sociologues. C'est celle de l'indignation. On peut dire que l'opinion publique s'est mise à s'indigner de faits qui n'étaient pas sujets à cela à d'autres époques. L'indignation n'est pas une panique morale. Nous sommes là dans un deuxième registre : naissance et diffusion d'un sentiment dans l'espace public. Autant la panique est un sentiment qui définit publiquement l'horreur, un mal qui ronge de l'intérieur la société, autant l'indignation porte sur la justice et le rétablissement du droit.

> L'indignation ne relève cependant pas du seul registre de l'émotion ; elle participe aussi d'un certain usage du jugement : et c'est ainsi qu'elle fait le lien entre l'opinion et la raison, entre le sujet et son groupe, lien qui révèle les normes culturelles et sociales en usage[97].

L'indignation est donc toujours du côté de ce qui est juste et légitime. On s'indigne de la transgression de normes : le traitement fait à un chien, la maltraitance d'un enfant, le lynchage d'un passant. Elle fonctionne dans l'espace public sur le mode démonstratif, elle est une mise en demeure :

96. Wikipedia, article « Développement durable ».
97. Anne-Claude Ambroise-Rendu et Christian Delporte (dir.), *L'indignation ; histoire d'une émotion politique et morale, XIXe-XXe siècles*, Paris, Nouveau Monde, 2008, p. 13.

> L'indignation telle qu'elle est dite, donnée à voir, mise en scène par les journaux, fonctionne donc comme une invitation au partage, une injonction à l'assentiment, un impératif éthique[98].

Constitutivement, l'indignation pousse à l'action morale, au rétablissement d'un État de droit, à l'exercice d'une justice. Elle crée l'événement dans l'espace public. Elle ne peut fonctionner sans la dénonciation, elle la rend légitime — on dénonce une situation considérée comme injuste —, elle fait donc l'objet d'une instrumentalisation, qui peut être politique ou simplement partisane. Parce qu'elle est un événement social, l'indignation s'inscrit dans une gestion des normes et un positionnement des acteurs sociaux sur la scène publique. Il est toujours intéressant, pour le chercheur, de décrypter l'émergence des imaginaires sociaux qui sont à l'œuvre dans les postures d'indignation, mais aussi de repérer les intérêts sociaux. Luc Boltanski souligne son importance pour la construction de la ligne de clivage entre droite et gauche en France :

> C'est contre une indignation communautaire affectée à la droite et pour prendre la défense des coupables qu'elle désigne à la vindicte publique que se constitue la gauche, l'indignation éclairée qui, dotée des armes de la critique, déconstruit l'indignation unanime[99].

Il n'est donc pas hors de propos d'énoncer une « théorie du complot » au sujet de la pédophilie, à condition de la situer comme une « théorie de l'émergence publique ». La pédophilie comme phénomène public apparaît dans des circonstances précises. Elle soulève une indignation qui ébranle l'opinion, relayée par les médias. Elle s'apparente à

98. *Ibid.*, p. 15.

99. Luc Boltanski, *La souffrance à distance*, Paris, Métailié, 1993 ; cité par Isabelle Veyrat-Masson, *L'indignation à la télévision française*, dans Anne-Claude Ambroise-Rendu et Christian Delporte (dir.), *L'indignation, op. cit.*, p. 210.

une panique morale, le temps de sa diffusion, puis de sa dispersion. Un certain nombre d'acteurs sociaux en sont les promoteurs, pour des raisons parfois fort diverses mais provisoirement convergentes. Son émergence traduit un certain état de l'opinion, une certaine façon de réorganiser la sphère politique, et les rapports entre les citoyens et les spécialistes. Sur ce point, la construction de la pédophilie doit beaucoup à la possibilité, pour les victimes, de prendre la parole en public, ainsi qu'à la recomposition lente et vraisemblablement durable des modalités de gestion de la « chose publique ».

Laurie Boussaguet met en évidence que le phénomène déborde largement le cas uniquement national. Son étude sur la France, l'Angleterre et la Belgique révèle la remarquable concomitance de cette émergence publique dans les trois pays. S'appuyant sur une hypothèse de transformation du rapport au politique et à la politique, elle estime que le problème de la pédophilie dénote l'apparition d'une sorte de « forum des profanes » qui « permet de faire exister, dans l'analyse des politiques publiques, des citoyens « lambda » qui ont des choses à dire sur l'action publique en train de se construire[100] ».

Pour résumer schématiquement son argumentation, nous dirons que les citoyens des pays considérés — l'aire occidentale, manifestement — ont modifié progressivement la façon qu'ils avaient de s'engager dans la vie publique. Il en est résulté une crise de la démocratie représentative (que l'on peut percevoir, en France, dans l'abstention croissante aux scrutins électifs, et dans la désaffection à l'égard des syndicats et partis traditionnels). Désormais, ils sont plus investis dans l'action publique en vue d'obtenir des résultats concrets. Autrefois, ils étaient situés plus en amont, du côté de la définition des programmes politiques et des dirigeants à élire. Cet angle de vue permet de définir l'action publique à partir du concept de « forum » :

100. Laurie Boussaguet, *La pédophilie, problème public ; France, Belgique, Angleterre*, Paris, Dalloz, 2008, p. 418.

> Plus précisément, un forum est un « lieu » producteur d'idées, d'interprétations et de représentations sur une politique, qui peuvent être analysées en fonction des règles du jeu du forum, de ses acteurs, des intérêts qui le composent, et des rapports de force qui les opposent en son sein[101].

Un forum est donc à la fois un moment et un lieu de discussion (par exemple : Forum social mondial), un moment et un rassemblement d'acteurs ayant une thématique commune. Au cours du forum, qui peut s'étendre sur plusieurs manifestations, plusieurs espaces, plusieurs années, on traite du problème avec toutes les personnes qui y sont directement ou indirectement confrontées. Les acteurs sont par exemple seulement des spécialistes, ou bien seulement des politiques, ou encore des gens provenant de différents cercles sociaux. En particulier, pour la pédophilie, les victimes et parents de victimes ont surgi pour débattre avec les différents spécialistes et les politiques. Pour cette raison, L. Boussaguet le nomme « forum des profanes ». En fait, c'est parce que les spécialistes ne sont pas d'accord entre eux que les politiques ne peuvent rien décider sans faire appel aux « profanes ». C'est clairement le cas pour les crimes sexuels sur enfants, puisque, nous l'avons vu, les psychiatres et les juristes divergent sur la définition, ce qui empêche de qualifier les faits correctement, de définir le dol, de traiter les indemnisations, etc. :

> Le traitement [de la pédophilie] ne faisant pas l'unanimité dans le secteur médical et la libération des délinquants sexuels condamnés concernant l'ensemble de la société, il semble que l'incertitude puisse caractériser le traitement de ce phénomène, et ainsi justifier que des citoyens ordinaires soient consultés en la matière[102].

101. Laurie Boussaguet, *La pédophilie, problème public, op. cit.*, p. 415.
102. *Ibid.*, p. 414.

Un « forum de profanes » développe donc une nouvelle forme de démocratie participative ; les profanes y présentent leurs propres analyses et solutions, en lien avec spécialistes et politiques. Cela entraîne un changement profond des rapports politiques. D'une part, l'État devient plus coercitif, à la demande des profanes. La demande sociale dans les années 1990 dans les trois pays considérés s'oriente fortement en ce sens. Le contrôle de la sexualité déviante est remis entre les mains de l'État. Simultanément, le contrôle local se renforce, avec un interventionnisme accru des citoyens ordinaires réunis autour des victimes passées et potentielles dans le secteur local ou régional. L. Boussaguet conclut ainsi :

> L'État semble donc pouvoir être assimilé à un gendarme qui édicte des lois, mais ayant trouvé de nouveaux partenaires, notamment dans la société civile, il n'intervient plus qu'en dernier ressort[103].

L'ÉGLISE MISE EN CAUSE

C'est dans ce contexte pour le moins mouvant qu'il faut apprécier la dénonciation des affaires de pédophilie dans les Églises catholiques de différents pays. Beaucoup d'observateurs mentionnent la possibilité qu'il s'agisse d'une attaque en règle de l'Église catholique, ce qui s'apparente à une théorie du complot. En l'absence de preuves, il est toujours délicat d'affirmer cela, outre que c'est un moyen commode d'essayer de soulever une contre-indignation. Les comportements des membres du clergé et de leur hiérarchie tels qu'on les a révélés sont effectivement des scandales eu égard aux responsabilités spirituelles et éducatives qu'ils occupaient (ou occupent encore), et surtout eu égard à la doctrine

103. *Ibid.*, p. 435.

puisée dans la Bible. Jésus ne dit-il pas qu'il ne faut pas « scandaliser un seul de ces petits qui sont les miens » ?

N'écartons pas immédiatement l'hypothèse qu'il s'agisse d'une action concertée. Mais n'en faisons pas non plus un brûlot qui empêcherait de penser. Car ce qui fait l'intérêt de la recherche est de s'interroger sur ce qui rend possibles de tels faits dans une institution ecclésiale, et sur ce qui a permis à l'opinion des fidèles d'intervenir avec succès, alors même que la loi du silence et l'injonction d'obéissance à la hiérarchie prévalaient. Ce dernier point n'est-il pas alors le révélateur de problèmes plus vastes, que l'on ne peut aborder simplement et qui, pour cette raison, empruntent une voie détournée ?

Les vagues d'indignation qui prennent pour objet la pédophilie sont récentes, nous le savons. Elles émergent clairement au cours des années 1980, pour les plus anciennes, et explosent la décennie suivante. Un « forum » s'est peu à peu créé autour de ces questions. Commencée aux États-Unis, la vague d'indignation a ensuite trouvé un terrain en France, avec ce qu'on a appelé l'affaire « Pican », du nom de l'évêque de Bayeux impliqué judiciairement pour non-dénonciation. L'Irlande, l'Allemagne, la Belgique ont connu dans les années récentes la même vague.

En France, à la suite de l'affaire Pican, les évêques ont formé une commission de travail, qui a abouti à l'élaboration d'un manuel sur le sujet. Les suites de l'affaire d'Outreau, qui avait impliqué, dans un premier temps, un prêtre ouvrier, ont produit un refroidissement de l'opinion, qui a pris conscience de la difficulté à rassembler des paroles fiables en vue des actions judiciaires.

Quelles que soient ces affaires et leur ampleur dans les pays concernés, elles revêtent des caractéristiques identiques. Elles mettent en cause le clergé et les règles qui le régissent.

Tout d'abord, des victimes accusent un prêtre d'avoir eu un comportement pédophile (selon la définition simplifiée de l'opinion publique, dont nous avons vu qu'elle assimilait des comportements distincts selon le droit et la psychologie). À l'occasion de l'enquête, on découvre que ce prêtre avait déjà eu des comportements semblables, mais que sa hiérarchie l'avait « couvert » de façons diverses. Si c'est la première occurrence d'actes pédophiles chez le prêtre, on cherche à savoir si l'évêque avait été mis au courant, et s'il l'avait dénoncé aux autorités civiles. Le lien de « subordination » qui existe entre les degrés de la hiérarchie ecclésiastique est questionné, spécialement sous l'angle du secret professionnel : la subordination implique-t-elle de ne pas porter à la connaissance des autorités civiles les faits délictueux ? Si oui, quelle en est la cause ? On a parfois évoqué le secret de la confession ; mais un prêtre n'est pas censé se confesser à son évêque, précisément pour éviter de lier ce dernier par le secret. En tout état de cause, l'évêque est soupçonné de complicité passive. Et la justice aux États-Unis comme en Irlande, mais très certainement ailleurs également, a découvert que tel était le cas : les évêques ont eu tendance à « couvrir » leurs prêtres, soit en changeant leur affectation sans les sanctionner, soit en achetant le silence des victimes. L'affaire Pican, en France, s'est jouée sur ce registre.

Ces comportements ne sont pas le propre du corps clérical catholique. On en retrouve la trace dans de nombreuses affaires de pédophilie, par exemple dans les milieux éducatifs. Il n'est pas lieu ici de dénoncer des situations explicites.

Un deuxième niveau s'est développé dans la polémique de ces derniers mois. Les attaquants ne se sont pas cantonnés à dénoncer les abus et la complicité de l'institution ecclésiastique en ses représentants locaux, les évêques. Ils ont mis en cause le pape, en tant que supérieur hiérarchique des évêques. Selon les associations de victimes et les médias, le lien de subordination ne serait pas complet si on laissait la curie romaine en dehors des affaires. Et on a vu fleurir des informations, parfois très anciennes, sur le fait que Benoît XVI aurait été complice au moins passif d'une mise à l'abri de coupables reconnus comme tels. Au vu des développements de l'actualité, il n'est pas judicieux de prétendre à un inventaire exhaustif des détails. Ici, nous pouvons commencer à analyser la situation.

Il est clair que, derrière le conflit sur les actes eux-mêmes, il est en train de se jouer un bras de fer entre une façon de gérer la culpabilité, qui relèverait du droit propre à l'Église catholique — le droit canon —, et celle qui serait propre à la société civile considérée.

D'un côté, des législations nationales propres à chaque pays, et qui organisent à la fois la prescription des crimes (dix ans, trente ans,... ; soit à partir des faits, soit à partir du dépôt de plainte, soit...) et les procédures pour que justice soit rendue. De l'autre, un droit canon qui envisage pour le monde entier une procédure unique. L'écart qui est ainsi perceptible entre les deux droits, pour chaque pays souverain considéré, soulève des tensions. Cette disjonction entre les deux droits explique par exemple que l'on apprécie différemment l'avenir du prêtre reconnu coupable. Compte tenu de problèmes de récidives, avérées ou potentielles, l'opinion demande la suspension de l'exercice de tout ministère : un prêtre devrait être relevé de ses fonctions et de son état de clerc. Côté romain, on peut arguer du fait que le sacrement de l'Ordre est un sacrement « de caractère », c'est-à-dire qu'il est « imprimé » dans la personne du prêtre de la même façon que le sacrement du baptême l'est sur un chrétien. On ne peut pas plus retirer le caractère chrétien d'une personne (la débaptisation réclamée par ceux qui ne veulent plus être chrétiens) que retirer le caractère sacerdotal. Au mieux, on peut « suspendre » l'exercice de ce sacerdoce, ce qui se disait autrefois « réduire à l'état laïc » et que le code de droit canon de 1983 qualifie de « perte de l'état clérical ».

Cette situation propre au ministère de prêtre s'accompagne d'un particularisme dans la relation hiérarchique. Un évêque est dans une relation spécifique d'autorité, qui rend la question de la subordination confuse :

> Même si l'on admet l'intervention de la justice dans une affaire ecclésiastique, il faut souligner que l'autorité épiscopale relève d'un type de relation spécifique, qui n'est pas celle d'un chef d'entreprise sur ses salariés, ni d'un maire sur les fonctionnaires communaux [...]. Or pour être juste, la justice ne peut pas appliquer les mêmes catégories à ces autorités qu'à celle qu'exerce un évêque ; elle doit prendre en compte la nature des relations intra-ecclésiales[104].

On sait que les évêques, sous la pression d'une opinion publique indignée, ont accepté de mettre toutes les affaires qui surviennent désormais sous l'autorité de la justice civile. Les indemnisations de victimes ont ruiné certains diocèses. Cependant, au mépris des affaires jugées, les médias ont exhumé de vieilles affaires (en Allemagne dans le diocèse de Munich, alors sous l'épiscopat de Joseph Ratzinger, futur Benoît XVI), dans l'intention manifeste d'atteindre directement le pape. On pourrait là encore crier au complot. Sans doute. Il est pourtant préférable de s'interroger sur l'évolution des sociétés du monde occidental, qui favorise la constitution d'une opinion publique. Paul Valadier pointe plus finement une dérive contre laquelle doivent se prémunir les sociétés démocratiques :

> C'est au contraire parce qu'on admet que la justice intervienne, qu'on attend légitimement qu'elle le fasse en respectant le caractère propre des relations qu'elle juge. Or, [...] le risque n'est pas mince de nos jours, non seulement d'une juridicisation de l'ensemble des rapports humains avec la multiplication de procès en tous domaines, mais aussi d'une homogénéisation par le droit de tous les espaces sociaux qui deviendraient en quelque sorte soumis aux mêmes critères de jugement[105].

---

104. Paul Valadier, « Un évêque devant la justice », *Croire aujourd'hui*, n° 90 (15 avril 2000). L'auteur est jésuite, professeur au Centre Sèvres. Il s'exprime alors que l'affaire Pican vient de commencer.

105. *Ibid.*

Autrement dit, la question se pose de savoir si l'Église catholique est consciente des transformations de l'espace public dans lequel vivent ses fidèles, et si elle adopte des normes de fonctionnement qui lui correspondent. Le cas est particulièrement patent lorsque l'on évoque la sexualité des prêtres.

LA SEXUALITÉ DES CLERCS

Pour expliquer les pulsions pédophiles qui s'emparent des prêtres, de nombreuses voix s'élèvent pour mettre en cause, au-delà de la question de l'autorité, le statut sexuel des prêtres. Leur état disciplinaire de célibataires continents (ou voulus comme tels) attire les critiques ; on impute la faute tour à tour à l'immaturité affective due à une mauvaise éducation dans les séminaires ou/et le célibat ecclésiastique. La piste parfois alléguée d'un lien entre homosexualité et pédophilie n'est habituellement pas retenue[106]. Bref, la pédophilie serait due à une mauvaise gestion de la sexualité des clercs — donc, au système lui-même qui favoriserait des comportements archaïques.

La dénonciation vise au-delà des faits de pédophilie. En effet, toutes les statistiques montrent que la famille est le premier lieu de rapports pédophiles. L'inceste constitue la grande majorité des abus sexuels sur mineurs. Si les prêtres sont pédophiles, et surtout si la loi du silence a été appliquée, ce serait en raison d'un grave problème autour de la

106. Mgr Charles J. Scicluna, procureur de justice de la Congrégation pour la doctrine de la foi, dans un entretien au quotidien *Avvenire* : « Dans 60 % des cas [traités par le bureau], on a affaire à des actes d'"éphébophilie", c'est-à-dire d'attraction physique pour des adolescents de même sexe. Dans 30 % des autres cas, il s'agit d'attirance hétérosexuelle, et pour les 10 derniers, de véritable attraction physique envers des garçons impubères », *Documentation catholique*, n° 2443, p. 321.

sexualité des prêtres. Le corps clérical serait disposé à étouffer la parole des victimes, en versant au besoin une compensation financière, de façon à ne pas se réinterroger sur son fonctionnement social : des hommes célibataires, dans un corps exclusivement masculin. Donald Cozzens, prêtre théologien et docteur en psychologie, ne mâche pas ses mots sur le sujet :

> En outre, affirmer qu'il n'y a aucune corrélation entre le célibat obligatoire et la crise actuelle de l'inconduite du clergé avec les mineurs ressemble à de la tyrannie bureaucratique, tant que le Vatican demeurera opposé à toute discussion loyale au sujet des systèmes qui sous-tendent le style de vie des prêtres. Et il est clair que le Vatican ne veut toujours pas que des pratiques de discipline, dont le célibat consacré, soient mises en discussion[107].

Cette remarque faite sous le pontificat de Jean-Paul II (le livre a été publié aux États-Unis en 2000) pourrait-elle être reproduite dix ans après ? Sans nul doute, parce que l'interdiction d'évoquer la question du célibat avait une portée plus générale ; elle s'étendait à toutes les questions visant la sexualité en général :

> En privé, des évêques [américains] reconnaissent que le pape Jean-Paul II leur a explicitement interdit de débattre « de la contraception, de l'avortement, de l'homosexualité, de la masturbation, du mariage des prêtres ou de l'ordination des femmes à la prêtrise, mais [qu'il leur a demandé] de défendre l'enseignement officiel de l'Église[108] ».

Mettre en doute le statut des clercs à l'égard de la sexualité revient donc à mettre en cause l'ensemble de l'enseignement de l'Église sur la sexualité pour les fidèles catholiques — et au-delà si l'on tient compte de la volonté d'interférer avec les législations civiles sur le sujet.

107. Donald Cozzens, *Le nouveau visage des prêtres*, Paris, Bayard, 2002, p. 208.
108. *Ibid.*, p. 208-209.

La loi du silence qui a longtemps régné sur le sujet des abus sexuels sur mineurs, mis à part le fait qu'elle était pratiquée par d'autres institutions sociales, prend dès lors une coloration particulière. Comment mettre en cause les pratiques d'un corps dont la fonction est de manifester l'autorité sur la sexualité ? Se taire ou, comme dans de nombreuses situations (à ce qu'il semble), estimer que le problème relève uniquement des personnes — « la chair est faible, il y a des brebis galeuses partout » — revient à vouloir maintenir l'autorité générale. L'Église cherche à faire perdurer une vision du monde et de sa place où son autorité peut être mise en cause sur des membres de l'institution, mais jamais sur la pertinence du système. Ce qui n'est pas sans surprendre et choquer ce « monde » :

> Vus de l'extérieur, les catholiques revendiquent d'être l'unique véritable Église[109] (peu de gens connaissent le décret du Concile sur la *liberté religieuse*) et croient que leurs prêtres ont le pouvoir de changer pain et vin en corps et sang de Jésus Christ. Et l'Église prétend aussi — un comble — que les prêtres peuvent pardonner le péché des gens[110].

Nous retrouvons là l'ancien débat qui divisait les chrétiens au temps de la Réforme. L'indignité du prêtre justifie-t-elle que ce qu'il admi-

109. Benoît XVI avait rectifié la manière de considérer les autres Églises chrétiennes. Alors qu'à la suite de Vatican II et du mouvement œcuménique, on parlait d'Églises sœurs, Joseph Ratzinger a tenu à rappeler dès 2000 : « mais comme rappelé ci-dessus, on ne peut dire, au sens propre, que l'Église catholique soit sœur d'une Église particulière ou d'un groupe d'Églises », et, jouant d'une ambiguïté dans les appellations, il déclare : « Il doit toujours rester clair, même quand l'expression *Églises sœurs* est utilisée dans ce sens propre, que l'Église universelle, une, sainte, catholique et apostolique, n'est pas la *sœur*, mais la mère de toutes les Églises particulières. » Congrégation pour la doctrine de la foi ; note sur l'expression « Églises sœurs », Rome 30/06/2000. Entre Église catholique romaine et Église universelle catholique, la confusion reste une tentation.

110. Donald Cozzens, *Le nouveau visage des prêtres*, *op. cit.*, p. 213. La note précédente a été rajoutée par nous.

nistre n'ait pas de valeur ? Ou encore, est-ce que l'indignité des prêtres signifie que le mode de fonctionnement de l'institution est à revoir, parce que c'est elle qui sécrète ces comportements ? L'histoire nous a enseigné quelle réponse fut apportée, au prix d'une fracture européenne. Rome n'a pas mis en cause la légitimité du prêtre, elle a même renforcé son autorité (on a coutume de dire que le concile de Trente est celui du prêtre). Elle a ensuite avalisé une profonde réforme de la formation, d'où sont nés au XVIIe siècle les séminaires.

On comprend alors mieux le débat sur la sexualité des clercs. D. Cozzens n'hésite pas à interroger aussi les communautés de formation que sont les séminaires. Loin de récuser, comme on l'a vu, l'association entre homosexualité et pédophilie, il décrit un mode de formation qui tend à rendre plus délicates les questions de maturité affective. Il mentionne les travaux de John E. Boswell (historien à Yale[111]), qui démontre que l'Église fournissait un refuge sûr aux hommes et aux femmes à tendance homosexuelle, pour laisser entendre que la formation des prêtres pouvait en être affectée. Les futurs prêtres qui ne partageraient pas l'orientation homosexuelle seraient mal à l'aise au cours de la formation, ce qui perturberait leur maturation affective. Il cite les propos de Matthew Kelty, moine trappiste :

> « Je suis convaincu que les hommes homosexuels font d'excellents célibataires consacrés, les meilleurs célibataires, ceux qui se trouvent le mieux en communauté. *Je pense qu'un homme de tendance hétérosexuelle ne devrait pas essayer de vivre dans le célibat consacré*[112]. »

111. *Christianisme, tolérance sociale et homosexualité : les homosexuels en Europe occidentale des débuts de l'ère chrétienne au XIVe siècle*, Paris, Gallimard, 1985.
112. Matthew Kelty, « The Land I Love In », *Homosexuality in the Priesthood and Religious Life*, New York Crossroad, 1989. Cité par Donald Cozzens, *op. cit.*, p. 187.

Selon toute vraisemblance, c'est sur la base de telles analyses que sont associés le célibat des clercs et la pédophilie. Les propos de Mgr Charles J. Scicluna en prennent un relief saisissant : « Dans 60 % des cas [traités par le bureau], on a affaire à des actes d'"éphébophilie", c'est-à-dire d'attraction physique pour des adolescents de même sexe » (*cf.* note 105).

La conséquence en est que nous pouvons dépasser le simple problème psychologique de la gestion affective de la vie des clercs, pour avancer sur le terrain du gouvernement de l'Église.

LA PÉDOPHILIE, PROBLÈME POLITIQUE

Cela accrédite, à notre sens, la thèse suivante : l'Église catholique est en première ligne dans les affaires de pédophilie parce que le système de gouvernement qu'elle représente est en tension forte avec les systèmes de gouvernement contemporain. Cette tension s'exprime sur plusieurs points.

D'abord, l'irruption d'une opinion publique qui use autant qu'elle le peut de l'espace médiatique. C'est ce que L. Boussaguet décrit sous le concept de « forum de profanes ». Les paniques morales parcourent sans cesse l'opinion, les indignations sont sélectives, parce qu'elles cherchent les lieux où le jugement moral est instable. Les maux d'enfant et la gestion de la sexualité en sont un, parce que les inflexions sociales sur le sujet sont trop récentes pour avoir eu le temps de sécuriser les opinions. De ce fait, l'insécurité a gagné les fidèles. Mais ces derniers ont-ils la possibilité de recourir, en interne de l'Église, à un forum ? Si les victimes recourent à l'opinion publique, ne serait-ce pas parce que le recours et la reconnaissance publique des faits ne sont guère possibles au sein de l'Église elle-même ? On comprend parfaitement, alors, que soit mise en cause une « culture de silence » dans l'Église. La tension porte en premier lieu sur la constitution d'une opinion publique dans l'Église catholique romaine.

Le deuxième aspect de cette tension est parfaitement souligné par l'ancien Maître général des dominicains, le R.P. Timothy Radcliffe, devant le clergé de Dublin :

> Je suis persuadé que cette crise de la sexualité est étroitement liée aux questions de pouvoir et à la manière dont le pouvoir fonctionne souvent au sein de l'Église à tous les niveaux, du Vatican au sacristain de paroisse [...] Je soupçonne que tout cela soit notamment dû au fait que l'Église a, des siècles durant, lutté contre les pouvoirs de ce monde qui cherchaient à s'emparer d'elle [...] Or, c'est cette même culture du pouvoir qui se trouve à l'origine de la crise des abus sexuels, qui représentent l'abus de pouvoir sur les petits et les vulnérables[113].

La façon dont vivent les clercs est stigmatisée ; la mise en cause de leur célibat, totalement en porte-à-faux avec le problème de la pédophilie, en est la caractéristique la plus notoire. Nous savons bien que cette discipline du célibat est enracinée dans une certaine vision du rôle des clercs dans la société. Elle est régionale, puisque l'Orient chrétien a toujours considéré les prêtres mariés comme légitimes. On pourrait ajouter que les leaders religieux d'autres confessions chrétiennes, aux États-Unis en particulier, sont soumis aux mêmes plaintes d'abus sexuels, mais ils ne font pas l'objet d'une remise en cause, parce que les statuts d'autorité ne sont pas organisés sur le même modèle hiérarchique.

On en conclut aisément que l'opinion met en question, de façon impropre et confuse, le statut d'autorité qui prévaut dans l'Église catholique romaine. Nous retrouvons cela dans d'autres plaintes, qui ne portent certes pas sur les problèmes d'abus sexuels. Il suffit de lire attentivement ce qui est exprimé dans les synodes diocésains en France (*cf.* chapitre 1). Nous sommes en fait renvoyés à un vaste problème,

113. *Documentation catholique*, n° 2443, p. 330.

qui a commencé d'être traité par le concile Vatican II, mais sans avoir réellement abouti à ce jour. C'est celui de la partition de la société humaine issu de la réforme grégorienne, qui établit un gouvernement dyarchique du monde :

> Les ordres régissent non plus le « monde » mais « l'Église » ; le monde est absorbé dans l'Église, le pouvoir [temporel] étant désormais subordonné à l'autorité [spirituelle]. « Les prêtres du Christ doivent être considérés comme les pères et les maîtres des rois, des princes et de tous les fidèles », déclare Gratien, reproduisant un passage de la lettre du pape Grégoire VII à Hermann de Metz[114].

La mise en place de cet ordre du monde dans lequel les clercs sont installés au-dessus de tous les pouvoirs se traduira dans les faits par l'exemption fiscale et le célibat, sur le modèle monastique :

> S'affranchir de l'argent et du sexe ne tient pas simplement de l'idéal, à dire vrai relativement peu pratiqué par les clercs des siècles antérieurs ; c'est désormais un devoir, assorti d'interdits, la simonie et le nicolaïsme. Les canons du synode romain de 1059 [...] condamnent les prêtres mariés et concubins. Dans le même temps, on réglemente la sexualité des laïcs au sein du mariage en énonçant la règle des interdits de parenté sur sept degrés[115].

Il est difficile d'être plus clair. Le R.P. Radcliffe n'hésite pas à mentionner lui-même les conséquences de cette situation du clergé :

> Nous vivons une crise de la compréhension de la prêtrise, à cause d'une attitude distante envers le peuple, de l'utilisation qui est faite du pouvoir et d'une approche de la moralité en termes de contrôle[116].

114. Dominique Iogna-Prat, *Ordonner et exclure ; Cluny et la société chrétienne face à l'hérésie, au judaïsme et à l'islam (1000-1150)*, Paris, Flammarion, 2e édition corrigée, 2000, p. 21.

115. *Ibid.*, p. 27.

116. *Documentation catholique*, n° 2443, p. 331.

La campagne actuelle sur les faits de pédophilie dans l'Église catholique romaine porte enfin sur le degré supérieur de la hiérarchie ecclésiastique, le pape. Celui-ci est interpellé vigoureusement, soit à propos des affaires qu'il aurait prétendument couvertes dans des fonctions antérieures, soit directement dans la gestion par la curie romaine des problèmes juridiques. Cette dernière se défend en invoquant la centralisation : « C'est seulement avec le motu proprio de 2001 que le crime pédophile est redevenu de notre exclusive compétence et, à partir de là, le cardinal Ratzinger a géré avec fermeté ces affaires[117]. » Or cette reprise en main de prérogatives intervient dans le sens de la vision *grégorienne* du monde. Il est à parier que l'affirmation de l'exclusive compétence du sommet de la hiérarchie romaine ne fait qu'accentuer le refus de cette centralité : plus Rome traitera les affaires directement, plus cela lui sera reproché.

Le dossier de la pédophilie associe de nombreux traits qui sont caractéristiques des préoccupations occidentales contemporaines. D'une part, bien évidemment, l'émergence d'une catégorie de victimes dont l'opinion se souciait jusque-là fort peu : la société était injuste, il était temps de rendre justice. Le temps de l'indignation s'est imposé dans les années 1980. L'Église catholique, dans sa dimension institutionnelle, a pris sa part de « péché ». La rapidité et l'ampleur des affaires mises au jour ont pu créer une panique morale sur le modèle déjà largement éprouvé dans l'histoire des sociétés. Selon les pays, elle a revêtu telle ou telle forme ; la judiciarisation aux États-Unis en est un exemple. Cette panique morale a pu se développer parce que la société elle-même n'avait pas de position politique claire. Non pas que les politiques n'aient pas perçu le problème, mais celui-ci était défini à partir de données juridiques et psychologiques hétérogènes, qui ont

117. Mgr C. J. Scicluna, *Documentation catholique*, n° 2443, p. 320-321.

accentué l'impression de désarroi. De ce fait, il s'est créé un forum de profanes, comportant les caractéristiques qui leur sont propres. Les médias ont été largement sollicités, les victimes se sont associées au-delà des frontières, les réponses sociétales ont conduit à modifier très rapidement les législations et les comportements ; mais l'inquiétude n'a pas diminué pour autant, comme on le voit lorsqu'on remet en cause les paroles des acteurs directs (affaire d'Outreau, révision de procès pour certains condamnés en France).

L'institution ecclésiastique s'est trouvée prise de plein fouet par ces perturbations sociales. À cette occasion, les catholiques ont découvert qu'elle n'avait pas de gestion possible de l'opinion, et que la structure de gouvernement n'était pas adaptée aux nouvelles exigences démocratiques qui travaillent les sociétés occidentales. L'Église, dans son système hiérarchique, n'est pas en mesure de se confronter aux paniques morales contemporaines, il est logique que l'indignation se retourne contre elle.

Réduire la fracture conciliaire ?

Les trois chapitres qui précèdent ont usé de la dimension politique — *le* politique, et non *la* politique — pour affronter les fractures que l'on voit se produire dans le catholicisme en France. Pour une large part, la responsabilité en incombe à Rome, qui définit les critères de conformité doctrinale. Il paraît en effet difficile au système romain de tenir compte de la dérive spécifique à la France, cette laïcité qui tend inexorablement à détacher la population française et la culture nationale d'une affirmation religieuse — le catholicisme a été la cible privilégiée, il l'est sans doute beaucoup moins aujourd'hui. Ailleurs dans le monde, des caractéristiques socioculturelles différentes produisent certainement des tensions sur d'autres points de la doctrine catholique.

Ce qui est en cause, par conséquent, c'est peut-être l'adaptabilité du système romain à l'extension géographique et culturelle du catholicisme. Est-elle souhaitable, est-elle possible, autant de questions qui regardent spécifiquement les catholiques. En France, pour ce que nous en avons étudié, les tensions pèsent sur une grande majorité des catholiques, qui ne comprennent parfois plus la raison d'être des positions romaines (divorcés-remariés, contraception).

Le dernier chapitre par lequel nous terminons ce tour d'horizon catholique est *a priori* éloigné des premiers dossiers. Moins, certes, de celui sur les synodes comme mode de gouvernement. Il agite pourtant de ses convulsions les catholiques de France, bien plus, sans doute, que dans d'autres pays d'Europe. Les événements qui se succèdent depuis l'élection au pontificat de Benoît XVI en témoignent. Les médias catholiques ont vécu un « annus horribilis » en 2009, pris au piège entre leurs opinions publiques et leur souci de fidélité à Rome. C'est la raison pour laquelle les

« Journées François de Sales » en janvier 2010, qui sont des journées d'études de la profession, ont choisi de revenir sur ces événements pendant deux jours.

La réconciliation voulue par le pape avec les partisans de Mgr Lefebvre soulève une question voisine de celles qui sous-tendent bon nombre d'autres chapitres. Il s'agit du modèle par lequel l'Église catholique romaine se représente sa place dans le monde, et appréhende par conséquent son mode d'intervention dans les affaires humaines. Le dossier de l'intégrisme voit s'affronter deux représentations, et il n'est pas sûr que Rome ait clairement choisi laquelle des deux fait l'objet de son choix. Ainsi peut-on rendre compte de la résurgence continuelle de ce débat dans l'opinion catholique. Cette dernière tente de faire entendre ses voix, mais, faute de modèle d'intervention, elle ajoute parfois à la confusion — une faille s'ouvre depuis plus de quarante ans entre l'opinion publique des citoyens français et l'opinion publique catholique des mêmes citoyens.

Chapitre 7

Allers et retours : la crise intégriste

Le pape Benoît XVI veut-il « revenir en arrière » sur les acquis de Vatican II, selon ce que ses détracteurs dénoncent ? Depuis son élection au pontificat, Joseph Ratzinger n'en finit pas de donner prise à une polémique au sein du monde catholique. La France a été spécialement affectée par ce phénomène, et les médias catholiques s'en sont fait l'écho pendant toute l'année 2009.

Il serait vain de prétendre que cette affaire concerne les seuls catholiques, dans la mesure où les autres religions (le judaïsme, l'islam) et les autres confessions chrétiennes ont scruté avec parfois de l'inquiétude ces convulsions. Nous n'entrerons pas dans la polémique interne, qui prend appui sur des interprétations des travaux du concile Vatican II. Notre objectif, plus modestement, serait de formaliser le malaise qui ne cesse de resurgir en France à propos de cette querelle interne au catholicisme.

L'hypothèse politique n'est pas à écarter d'emblée. On sait les accointances de cette fraction du catholicisme organisé sous l'égide de Mgr Lefebvre avec la tradition maurrassienne. Elle a été dénoncée en son temps[118]. Il paraît toutefois difficile de la conserver en raison du

118. *Cf.* les travaux d'Émile Poulat, spécialement : *Intégrisme catholique et catholicisme intégral, un réseau secret international antimoderniste : la « Sapinière », 1909-1921*, Casterman, 1969.

nombre de générations et d'événements qui se sont succédé sur la scène politique française. Si la proximité de la frange intégriste (et une partie, sans doute, de la mouvance traditionaliste) avec l'extrême droite politique est une réalité, il serait hasardeux de réduire ce mouvement politique à l'intégrisme catholique. Les frontières dans lesquelles l'Action française se définissait ne sont plus pertinentes. Par ailleurs, il s'agit d'une querelle religieuse, qui tourmente les fidèles catholiques au-delà des clivages politiques.

Un rappel de l'histoire du schisme de Mgr Lefebvre permet de cadrer les enjeux. Ils tournent autour du concile Vatican II, certainement du point de vue dogmatique et plus encore du point de vue social : la force religieuse que représente l'Église catholique est en train de changer, depuis quarante ans, son positionnement culturel, intellectuel et social. Pour cette raison, et dans la mesure aussi où la scène religieuse française s'en trouve affectée, il nous faudra comprendre pourquoi le pape Benoît XVI a rouvert un débat que l'on considérait comme provisoirement stabilisé.

INTÉGRISME

La Fraternité sacerdotale Saint-Pie-X (FSSPX) : tel est le nom que les « intégristes » se sont donné comme référence historique. Ce nom renvoie à un instant précis de l'histoire contemporaine, la crise moderniste. On sait comment l'encyclique de Pie X, *Pascendi Dominici gregis* (1907), condamna les thèses modernistes, quitte à les retranscrire d'une manière que les protagonistes visés, Alfred Loisy et Marie-Joseph Lagrange (fondateur de l'École biblique de Jérusalem), n'avaient jamais adoptée. Cette encyclique condamne en même temps l'exégèse libérale, qui conduit au protestantisme, et l'idée d'une égalité des religions qui ouvre la voie à l'athéisme. Elle est suivie du *motu proprio Præstantia*

Scripturæ Sacræ (novembre 1907) qui sanctionne les modernistes d'excommunication.

Pie X est donc le pape qui tente de fermer la porte ouverte par les sciences historiques appliquées à l'étude des textes bibliques. Darwin ainsi que les historiens avaient obligé les catholiques à reprendre à nouveaux frais les données de la Bible, tenues jusque-là pour des faits historiques. Le pape a même encouragé le réseau dit de la Sapinière, qui était destiné à lutter contre cette hérésie moderniste. Au cours de son pontificat, il a connu la loi de Séparation de 1905 en France, et s'est opposé au ralliement à la République (encyclique *Vehementer vos* – 1906). Sur un plan pastoral, il facilite l'accès à la communion des jeunes enfants, et promeut la communion fréquente. C'est lui qui béatifie Jean-Marie Vianney, curé d'Ars, et le fait déclarer « patron des prêtres de France » ; sans doute a-t-il éprouvé une certaine affinité d'origine sociale avec ce curé de campagne qui draine vers sa cure les foules catholiques.

La référence n'est pas innocente. Elle signifie la volonté de conserver une position spécifique de l'Église dans le monde, avec des caractéristiques précises. La référence au curé d'Ars manifeste la « sainteté du prêtre, curé de campagne », celle à la communion des jeunes enfants l'imprégnation dès les premières années d'un mode de vie centré sur la messe ; quant à la lutte contre l'hérésie, elle devient centrale dans la position d'un Mgr Lefebvre.

Conserver l'intégralité de l'héritage catholique est donc le combat à mener.

Ces références sont patentes dans la lutte entreprise par Mgr Lefebvre contre les « erreurs du concile Vatican II ». Le concept de « chrétienté » y joue un rôle central. Il est défini à la fois par une hégémonie politique et une culture civile qui ne saurait être autre que catholique :

> Suivant les recommandations du Concile, le Saint-Siège a voulu redéfinir ses rapports avec les États en renonçant à une hégémonie juridique du catholicisme sur les autres religions [...] Mgr Lefebvre voit dans cette attitude une véritable « trahison » : « C'en est fini du *principe* de l'État confessionnel catholique, qui avait fait le bonheur des nations restées catholiques » (*Ils l'ont découronné*, p. 207[119]).

La revendication d'une nation catholique se décline sur tous les aspects de la culture :

> Il faut rebâtir les citadelles écroulées, reconstruire les bastions de la foi : d'abord le saint sacrifice de la messe de toujours, qui fait les saints, ensuite nos chapelles [...], nos monastères, nos familles nombreuses, nos écoles catholiques, nos entreprises [...], nos hommes politiques décidés à faire la politique de Jésus Christ, c'est tout un tissu de vie sociale chrétienne, de coutumes chrétiennes, de réflexes chrétiens qu'il nous faut restaurer[120].

La description ci-dessus hante donc l'affaire Lefebvre. On a beaucoup mentionné son caractère imaginaire : cette fameuse culture de chrétienté n'aurait jamais véritablement existé, du point de vue historique. Il reste qu'elle joue un rôle d'appel et d'utopie pour orienter les actions, mais surtout elle révèle un monde non conflictuel : tous les éléments de cette société idéale sont en parfait accord les uns avec les autres. Nous reviendrons sur cet aspect à l'issue du dossier.

Fort logiquement, la question de la liberté religieuse constitue alors le nœud sur lequel s'arc-boutent les intégristes menés par Mgr Lefebvre. Tolérer que la Vérité (avec son « V ») puisse coexister socialement avec l'erreur relève de l'apostasie. Puisque la religion catholique est « vraie », puisque Jésus Christ est la Vérité (comme

119. Luc Perrin, *L'affaire Lefebvre*, Paris, Cerf/Fides, 1989, p. 41.

120. Marcel Lefebvre, *Ils l'ont découronné*, Escurolles, Éd. Fideliter, 1987, p. 251. Cité par Luc Perrin, *L'affaire Lefebvre*, *op. cit.*, p. 102.

l'affirme l'évangile de Jean : « je suis le chemin, la vérité, la vie », dit Jésus), comment peut-on concéder une place égale en dignité à l'Église, gardienne du « dépôt de la foi » ? L'argument essentiel porte sur les troubles à l'ordre public qui résulteront d'une tolérance. Sous cet angle, la position lefebvriste fait indubitablement référence au passé déjà ancien de l'Europe : les guerres de Religion du XVIe siècle, et la persécution anti-catholique de la Révolution française.

Le passé militant de Mgr Lefebvre intervient aussi dans le débat. Archevêque de Dakar, il avait œuvré pour établir la religion catholique dans un pays musulman et animiste. Il savait ce que signifiait la confrontation des religions. La rencontre d'Assise en 1986 proposait une transformation du rapport conflictuel des religions entre elles, selon un nouveau paradigme : c'est la rencontre elle-même qui devient le lieu de la pacification, comme l'a parfaitement compris le mouvement Sant'Egidio.

La position intégriste s'articule autour de cinq points qui, à l'heure actuelle, sont des raisons qui justifient le rejet du concile Vatican II[121] :

– la liberté religieuse : les citations de Mgr Lefebvre ci-dessus résument parfaitement l'opposition ;

– le dialogue interreligieux : la rencontre des religions d'Assise, le 27 octobre 1986, est considérée comme une démission ;

– la réforme liturgique, qui a été votée au Concile par Mgr Lefebvre, mais dont la mise en œuvre est considérée par lui comme infidèle à la « liturgie de toujours » ;

– la nouvelle théologie, qui est un abandon du thomisme et s'appuie bien trop sur les théologiens protestants (Paul Tillich, par exemple) ;

– la crise postconciliaire, avec son cortège de prêtres quittant le ministère, d'églises qui se vident, de références morales qui se perdent.

121. *Famille chrétienne*, n° 1661, novembre 2009.

Les débats se sont largement cristallisés, en France notamment, autour de la question liturgique. Un bref historique n'est pas inutile pour le comprendre.

LE RITUEL DE LA MESSE

Pour sortir des guerres de Religion et restaurer l'autorité romaine sur les chrétiens d'Europe, le concile de Trente remet le prêtre au centre du dispositif. La critique de la Réforme portait en particulier sur le mode de vie des clercs, et sur la valeur de l'eucharistie dans la vie chrétienne. Trente reconstruit le dispositif catholique autour du prêtre, dont le mode de vie doit correspondre, par sa vertu, à la puissance du « sacrifice de la messe ». Cette dernière devient le pivot de la vie chrétienne ordinaire. On transforme la liturgie et l'espace liturgique, mais surtout on « repare » (on « pare à nouveau ») l'eucharistie en exaltant sa valeur. Les retables baroques entourent de dorures et de splendeur picturale le lieu du sacrifice, l'autel. La dévotion au Saint-Sacrement s'installe d'autant plus aisément que la communion fait l'objet de toutes les attentions : on dévore des yeux plus qu'on ne dévore de la bouche. Communier devient un acte longuement préparé, peut-être simplement annuel.

Le latin est la langue qui va traduire au mieux l'unification autour de Rome, contre l'usage des langues vernaculaires qui est le fait des Réformés. La valeur opératoire des paroles prononcées par le prêtre pour que s'effectue réellement le sacrifice de la messe — la consécration — impose que ce mystère demeure caché. Les traductions en français apparaissent pourtant dès le XVIIe siècle :

> avec le soutien de la Cour, Pellisson prépare un missel français-latin en cinq volumes et un ordinaire de la messe en 1679. Après 1685, François de Harlay

commande 100 000 exemplaires d'Heures précédées d'un ordinaire de la messe en français[122].

La résistance au latin est motivée par le pragmatisme. Les jésuites du Canada ou de Chine traduisent la messe, les missionnaires en tous lieux sont conscients de la nécessité de faire comprendre le rite. En France, la querelle janséniste s'empare de la question. Les jansénistes sont favorables à la traduction pour que les fidèles soient plus présents au contenu célébré, mais ils sont combattus et le latin devient l'expression de la fidélité antijanséniste.

Le XIXe siècle cherche à unifier les rites liturgiques, qui avaient été maintenus dans leurs spécificités régionales (rite lyonnais, *Deutsche Singmesse* dans le nord de l'Empire). Dom Guéranger, refondateur de l'abbaye de Solesmes, a été le grand initiateur en France de ce vaste mouvement qui se conclut par l'adoption définitive du Missel romain pour la célébration de la messe. Le latin reste la langue liturgique par excellence, mais le peuple ne le comprend déjà plus. À la veille du concile Vatican II, les fidèles souhaitent comprendre ce qui est devenu pour eux inaccessible :

> En 1956, Émile Pin remarque que l'immense majorité des catholiques favorables ou non à la réforme du rite milite pour une prière en français. Une commerçante mère de quatre enfants lui déclare : « Il faut de plus supprimer le latin, car il est ridicule de dire à Dieu des choses que l'on ne comprend pas comme de simples perroquets[123] ».

L'ouverture aux langues vernaculaires et le retournement de l'autel (entamé dès l'avant-guerre) qui entraîne l'abandon du maître-autel donnent l'impression d'une désacralisation de la messe. À l'inverse, la participation active des laïcs souhaitée depuis plus d'un siècle devient le fait

122. Philippe Martin, *Le théâtre divin*, *op. cit.*, p. 308-309.
123. *Ibid.*, p. 311.

marquant du nouveau rituel. Entre le concile de Trente et celui de Vatican II, de profondes évolutions se sont fait jour dans la conscience catholique. P. Martin les souligne en parlant de quatre nœuds :

> Le premier, dans les années 1530, est marqué par le statut identitaire que gagne la messe [...] Le second nœud apparaîtrait autour de 1670-1680 avec la possible, ou non, traduction des paroles de la messe [...] Le troisième nœud se forme au cœur du second Empire. Si le rite romain semble s'imposer et que les réflexions liturgiques poussent à solenniser la messe, les transformations de la société nécessitent de redéfinir sa place dans un monde devenu plus indifférent et urbain. Un quatrième nœud se crée dans les années 1920-1930. Sous la triple influence, bénédictine, germanique et belge, l'idée de réforme liturgique progresse en France, favorisant des expériences pastorales très diverses, mouvement que la Seconde Guerre mondiale accélère. [...]
>
> Là apparaissent avec force les problèmes qui traversent les quatre siècles de notre histoire : la messe, centre même de la dévotion ; la nécessaire compréhension des paroles du prêtre par les laïcs ; l'uniformité du rite ; la participation des fidèles à la célébration[124].

La résistance lefebvriste à la réforme liturgique est à comprendre dans le cadre de cette tectonique des plaques qui travaille en permanence le catholicisme européen. Dès lors que ce dernier est affronté au reste du monde et aux autres cultures, la question de l'adaptation devient incontournable. Évoquer une « tectonique des plaques » renvoie immédiatement à la question de la stabilité du sol sur lequel une œuvre humaine peut être édifiée. C'est l'idéal qui avait habité la Contre-Réforme catholique dans les siècles qui ont suivi sa mise en place. Une liturgie qui assoit le monde devant Dieu, dans des repères sûrs qui se transmettent de génération en génération.

La liturgie n'est pas seulement un combat politique, elle rend visibles les mouvements de convection qui travaillent toute culture,

124. Philippe Martin, *Le théâtre divin*, *op. cit.*, p. 360.

ainsi que les imaginaires qui traversent la redoutable question de la permanence d'une tradition romaine. Plus qu'une affaire de fidélité, la liturgie soulève le problème de la continuité de l'autorité et de son affirmation dans l'espace social. La résistance au changement pourrait s'apparenter à un contre-millénarisme : que rien ne change est la garantie du Salut. La rupture dans le Temps (l'irruption d'une nouveauté) n'est pas le signe de l'éternité qui surgit, elle interrompt au contraire une éternité qui est en train de s'accomplir.

Au fond, si la messe change, n'est-ce pas Rome qui abandonne ses convictions ? Telle est la formulation qui habite les tenants d'un intégrisme catholique.

RÉSURGENCE

Alors que le schisme de Mgr Lefebvre semblait faire partie de l'Histoire, avec une autonomisation progressive des deux groupes — l'Église romaine, et les Schismatiques —, il apparaît que Rome, dans la personne des deux papes Jean-Paul II et Benoît XVI, poursuit des tractations pour réduire la fracture. Dans le sillage tracé pour l'œcuménisme, Jean-Paul II ne peut se résoudre à un schisme. Avec Joseph Ratzinger, préfet de la Congrégation pour la doctrine de la foi, des propositions sont faites l'une après l'autre pour réintégrer sous l'autorité romaine les membres des diverses communautés. L'histoire en est bien connue, nous ne la reprendrons pas ici[125].

Mais pourquoi faut-il que resurgisse ainsi continuellement une fracture dans le peuple catholique, et spécialement en France, pays le plus touché par la querelle ?

125. Nicolas Senèze, *La crise intégriste ; vingt ans après le schisme de Mgr Lefebvre*, Paris, Bayard, 2008.

Nous avons retracé les références du mouvement lefebvriste à partir du nom choisi pour la Fondation, celui du pape Pie X. Le mot « référence » ne signifie pas que des filiations comme celles que Poulat a bien éclairées, à partir de l'Action française, n'aient pas joué. Les hommes ont compté dans leurs engagements, comme le P. Le Floch, supérieur du séminaire français de Rome où Marcel Lefebvre suivit sa formation. Mais la référence renvoie à une idéologie qui n'a pas valeur de généalogie pratique[126]. En jouant de la référence, un mouvement mobilise des imaginaires qui permettent à des individus d'adhérer, et à d'autres de se positionner en contre.

À ce titre, la « messe en latin » joue un rôle référentiel qui déborde largement la réalité historique. Ce qui explique l'inlassable combat des historiens pour rectifier des histoires et des mémoires tronquées, sans succès.

Nous pouvons prendre la distinction opérée par Émile Poulat pour expliquer la succession des mouvements ayant traversé le catholicisme en France. Un catholicisme intransigeant, d'une part, pour qui le monde moderne a conduit à saper les fondements de la foi catholique. Un catholicisme libéral, d'autre part, qui souhaite une adaptation pour accompagner et christianiser le mouvement inexorable de la modernité. L'origine de cette fracture se situe à la Révolution, lorsque le clergé réfractaire et les laïcs qui le soutenaient persistent à organiser une vie religieuse au-delà du Concordat de 1801, qui voulait apaiser les blessures révolutionnaires. Les Petites Églises sont nées de ce refus, première forme d'intransigeantisme qui a refusé les accommodements aux nouveaux régimes politiques de la France. Elles n'ont cependant jamais été schismatiques.

126. *Cf.* les travaux de Pierre Legendre, notamment *Le désir politique de Dieu ; étude sur les montages de l'État et du Droit*, Paris, Fayard, 1988 ; deuxième partie, chapitre 1, § 2 : « Le théâtre romain, suite : l'espace liturgique de la Référence. Remarques sur l'État comme figure impériale, par conséquent romaine et théocratique ».

Les « intégristes » de Mgr Lefebvre ne sont pas originaires de cet intransigeantisme, bien qu'ils en partagent certains traits. Nous pourrions émettre l'hypothèse qu'ils partagent surtout avec eux une certaine vision de la place de l'Église catholique dans la société. À la différence des intransigeants des origines, ils admettent la primauté pontificale là où le gallicanisme était la règle pour les Petites Églises. Ils héritent de la position initiée par Pie IX au concile de Vatican I. La proximité ecclésiologique est donc relative.

L'ultramontanisme développé au XIXe siècle autour de la personne de Pie IX a été une réponse aux coups de boutoir de la modernité, incarnée d'abord par la Révolution puis l'Empire napoléonien. À partir de cette époque, et malgré les tentatives de la Restauration, la société politique et civile prend son autonomie par rapport au religieux. Une faille s'est donc ouverte dans le consensus qui régnait depuis la fin des guerres de Religion : pouvoir, société et politique devaient marcher de pair. La France en est le théâtre avancé, et cela se diffuse peu à peu, avec des particularités liées à l'histoire, dans les autres territoires souverains. Cette faille qui s'exprime principalement mais pas exclusivement dans le politique est portée par les fidèles catholiques dans la douleur. Le *Syllabus* (1864) qui condamne l'accommodement avec la Modernité est l'expression d'une volonté de refermer la faille, en restaurant le *statu quo ante* de l'influence ecclésiale (et ecclésiastique !) sur l'Europe[127]. La réponse romaine face à la montée des forces sociales, économiques et politiques a été un processus de centralisation, qui culmine avec le dogme de l'infaillibilité en 1870.

Il n'est pas innocent que Mgr Lefebvre ait toujours ignoré les appels de Léon XIII au ralliement aux nouveaux régimes politiques. On ne saurait le lui reprocher, tant la position de ce pape était dans la continuité des prédécesseurs :

127. Le *Syllabus* résume toutes les erreurs condamnées par Pie IX ; la dernière formule condamnée du recueil est : « le Pontife romain peut et doit se réconcilier et transiger avec le progrès, le libéralisme et la civilisation moderne »…

> Si [Léon XIII] défend, dans son texte fameux *Inter sollicitudines* (1892), le principe d'un ralliement à la République, il demeure attaché simultanément à la théologie thomiste, repensée par Bellarmin, des deux sociétés, ou des deux pouvoirs. Toutes ses encycliques le rappellent, de *Diuturnum* à *Libertas* en passant par *Immortale dei* : l'État est, par la volonté de Dieu même, distinct de l'Église ; il ne peut pour autant en être juridiquement séparé. Il lui revient, pour le bien-être temporel de ses sujets, comme pour leur devenir spirituel, de reconnaître à la religion romaine le statut de religion officielle[128] [...].

La condamnation de l'Action française par Pie XI (1926) a été elle-même largement passée sous silence par le prélat. Ces deux épisodes marquent l'ouverture d'un nouvel état du catholicisme par rapport au politique. Il n'est plus question, ici, d'envisager une suprématie analogue à ce que réclame Mgr Lefebvre. Au contraire, la société ecclésiale se situe en vis-à-vis de partenariat — non sans toutefois maintenir une supériorité de valeurs et de principes d'humanisme. On en trouve l'expression achevée dans les travaux de Jacques Maritain à partir d'*Humanisme intégral* (1936). Selon lui,

> si la chrétienté sous son aspect « sacral » est appelée à s'effacer, elle doit subsister cependant sous sa forme « profane » : il s'agit que le religieux chrétien « anime » derechef, en collaboration avec d'autres traditions, la délibération collective et, de là, conduise la loi à se réinscrire progressivement dans l'orbe du droit divin naturel[129].

128. Philippe Portier, « L'Église catholique face au modèle français de laïcité », *Archives de sciences sociales des religions*, 129 (2005) — http://assr.revues.org/index1115.html, page 4.
129. *Ibid.*, p. 7.

LITURGIE ET PACIFICATION SOCIALE

D'une certaine manière, le concile Vatican II est l'aboutissement de ce processus. Il contient cependant en germes les points par lesquels le système intégriste se distingue radicalement de l'orientation prise par l'Église conciliaire. Ils sont au nombre de deux : tout ce qui concerne le rapport aux autres religions (judaïsme, islam, en premier lieu) et aux autres confessions chrétiennes (œcuménisme), et la « nouvelle théologie », qui enregistre les apports issus soit du monde laïc, soit des autres confessions chrétiennes. Ces deux orientations signent la nouvelle place du « dialogue » dans le dispositif catholique romain, qui trouve une expression achevée dans la réforme liturgique : une « liturgie de la Parole » (sous-entendu : de Dieu, c'est-à-dire la Bible) est posée en équivalence à la liturgie dite « eucharistie ».

Or, ce point précis renvoie au comblement de la fracture introduite par la Réforme : la Bible retrouve droit de cité dans la formation de la prière catholique. Si on sait par ailleurs que le commentaire biblique autorisé, à savoir la Glose ordinaire[130], qui avait formé la base obligée de l'interprétation pendant des siècles, cède la place au commentaire exégétique et à un cortège d'interprétations par les prêtres et évêques, on comprend que la nouvelle liturgie du concile Vatican II met en péril l'édifice patiemment construit de l'affirmation catholique de la Contre-Réforme. Étant dialogale, elle devient « protestante ».

Vatican II, dans un contexte de sécularisation largement entamé depuis plus d'un siècle, remet en chantier la dimension pacificatrice de la liturgie. Celle de Trente, issue de la terrible division européenne du XVIe siècle, se veut le théâtre divin de la remise en ordre du Monde. L'autorité du « sacrifice de N.S. Jésus Christ » est centrale. L'action

130. Compilation progressive des commentaires autorisés de la Bible. Initiée, semble-t-il, par Anselme de Laon (1117), et sans cesse enrichie.

salvifique du rituel trouve dans la langue latine son expression universaliste. Mettre en cause le latin, c'est rouvrir les divisions possibles ; introduire le dialogue et la Bible dans la liturgie de la messe, c'est réintroduire les disputes au sein de l'opération sacrificielle. C'est donc nier la valeur pacificatrice (et expiatoire) de ce sacrifice.

La liturgie a-t-elle un lien avec la question interreligieuse ? Nous pouvons le déduire des travaux d'Anne-Sophie Lamine sur le vaste mouvement qui s'est fait jour chez les autorités politiques en France, depuis maintenant plus de vingt ans. Municipalités, État républicain, corps constitués ont été en effet confrontés au problème de la « cohabitation des dieux[131] », c'est-à-dire à la difficile coexistence de Français ayant différentes religions. Pour l'essentiel, il s'agit des catholiques, des musulmans et des juifs, à qui on adjoint les bouddhistes et bien évidemment les protestants, dont la branche « évangélique » se développe rapidement[132]. Pour expliquer la vogue de ces multiples rencontres organisées dans les municipalités aussi bien qu'au niveau national (*crash* du Concorde, attentats du 11 Septembre, ...), A.-S. Lamine rapporte les résultats de l'enquête ISSP (1998) commentés par Y. Lambert :

> En effet, une majorité de Français sont « tout à fait d'accord » ou « plutôt d'accord » avec les deux jugements suivants : « les religions apportent plus de conflits que de paix » et « les gens qui ont de fortes convictions religieuses sont souvent trop peu tolérants envers les autres[133] ».

131. Anne-Sophie Lamine, *La cohabitation des dieux ; pluralité religieuse et laïcité*, Paris, PUF, 2004.
132. Sébastien Fath, *Du ghetto au réseau ; le protestantisme évangélique en France 1800-2005*, Genève Labor et Fides, 2005.
133. Anne-Sophie Lamine, *La cohabitation des dieux*, *op. cit.*, p. 6 ; l'auteure mentionne l'article d'Yves Lambert, « Attitudes sécularistes et fondamentalistes en France et dans divers pays occidentaux », *Social Compass*, 48/1, 2001, p. 37-49.

Ces réunions régulières ou exceptionnelles ont pour objectif de prévenir les effets des discordances religieuses que les Français vivent avec sans doute une certaine crainte. Ainsi,

> le groupe « Concorde et Solidarité », initié par la mairie de Lyon en 2002, « réunit l'ensemble des représentants des grandes religions [...] avec le maire de Lyon » dans un « engagement solidaire en faveur de la concorde civile, du dialogue et de la cohésion sociale ».
>
> [...] À Lille au début de la guerre du Golfe, le préfet de Région convoque des personnalités religieuses, qui lancent un appel à la fraternité et au dialogue entre juifs, chrétiens et musulmans[134].

La dimension de pacification prend la tournure d'une liturgie, avec ses rituels républicains, les autorités qui convoquent, celles qui représentent légitimement les fidèles, le peuple qui assiste. Au fil de ces rencontres se dégage un profil du représentant religieusement correct. Il y a le « bon » rabbin, le « bon » évêque/curé, le « bon » imam. Le public qui participe de fait ou par médias interposés apprend à reconnaître les compétences *républicaines* qui sont attendues des religieux. Il en résulte une suspicion à l'égard de ceux parmi les personnels religieux qui ne se conforment pas à ce modèle :

> L'interreligieux en général, et plus particulièrement dans sa dimension « politique » que nous venons de traiter, contribue à la fois à redonner une certaine place aux religions dans l'espace public et à la définition du « religieusement correct[135] ».

Dans ce contexte, lorsque les partisans de Mgr Lefebvre et de la FSSPX dénoncent en bloc l'interreligieux et la liturgie conciliaire, ils sont

134. Anne-Sophie Lamine, « Mise en scène de la “bonne entente” interreligieuse et reconnaissance », *Archives de sciences sociales des religions*, 129 (2005) ; http://assr.revues.org/index1112.html., p. 4.
135. *Ibid.*, p. 9.

parfaitement cohérents. Bien entendu, les liturgies qui se déroulent dans les paroisses le dimanche ne sont pas interreligieuses. Mais leur déroulement *dialogal* s'apparente à ce qui se déroule sur la scène publique. Or, comme A.-S. Lamine le souligne, l'arrière-fond de ces manifestations républicaines interreligieuses est celui d'une laïcité issue de 1905. Le dialogue républicain est la prise en charge, par la partie laïque qui poussa à la loi de Séparation, du processus de pacification religieuse — au fond analogue à celui qu'avait pratiqué le concile de Trente, et acté pendant quelques décennies par l'édit de Nantes.

La réforme liturgique de Vatican II, aux yeux des intégristes, est un passage de relais de l'Église catholique à la République française. Dans cette perspective, la place de l'Église catholique en France est ramenée à celle d'un groupe religieux régional, abdiquant devant ses responsabilités.

C'est la raison pour laquelle la liturgie est inacceptable en l'état. Cela explique aussi pourquoi c'est la France qui est la plus affectée par les « retours en arrière » du pontificat de Benoît XVI.

La résurgence de la contestation du concile Vatican II manifeste le désarroi de catholiques qui ne comprennent pas le nouveau modèle de pacification socioreligieuse. Peut-être celui-ci n'est-il pas vraiment en œuvre dans la liturgie ordinaire. Il faut se diriger vers les liturgies exceptionnelles et les grands rassemblements de tous ordres pour entrevoir un possible liturgique. Sans doute aussi le modèle liturgique de Vatican II, applicable universellement, ne tient-il pas compte de la particularité française que nous venons de développer. La très grande sensibilité des catholiques de France à la question intégriste, dans un sens comme dans l'autre, tient à la spécificité de l'histoire de la France religieuse.

Conclusion

Que devient le catholicisme en France ? Installé sur des zones de fracture, il s'efforce de moduler les tensions qui traversent son dispositif. La situation démographique a constitué le facteur interne le plus stimulant des trente dernières années, même si l'on a parlé de « séisme démographique » à propos du clergé. Nous ne disposons d'aucune indication pour étendre ce constat aux laïcs qui forment l'ossature du service quotidien des paroisses et autres aumôneries : sans être un séisme, la diminution de leur nombre est plus que respectable. Dans la mesure où l'encadrement par le clergé dépend exclusivement de ce qu'on appelle « la vocation », qui est un « appel » ressenti par l'impétrant en sa subjectivité, l'Église catholique ne s'est pas rebellée contre cette perte. Ces vocations pour être prêtre constituent pour elle une hétéronomie incontournable. Il n'en allait pas de même au XIXe siècle lorsque les curés de paroisse étaient payés par l'État : le trop-plein démographique des campagnes et le sous-emploi chronique suffisaient à rendre la profession attractive.

Nous voulons dire par là que l'Église catholique en France s'est pliée aux nouvelles conditions de son fonctionnement, en cherchant des manières inédites de déployer son activité. De nombreux diocèses ont choisi d'adapter le dispositif territorial, qui semblait constituer le point chaud des difficultés ; moins de paroisses à gérer pouvait constituer une amélioration pour un nombre de prêtres en diminution. D'autant que l'on pouvait compter sur le renfort des diacres, nouvellement apparus sur la scène des clercs. On a fait venir aussi des prêtres des pays étrangers pour rendre la rétractation du dispositif moins douloureuse. L'autonomie dont dispose chaque diocèse pour se réorganiser a été un véritable atout pour mener à bien cette adaptation. Il n'est pas sûr qu'un dispositif « national » aurait eu autant de plasticité.

La liberté dont jouissent les évêques a donné les deux modèles différents, qui poursuivent leur déploiement depuis une vingtaine d'années. Un modèle reproduit le système monopolistique, qui avait préservé l'autorité du clergé sur la distribution de l'ensemble des biens symboliques. Même si celle-ci fait ensuite l'objet d'une délégation, puisque le clergé n'est pas en mesure de contrôler le terrain local. En continuant à sélectionner les membres laïcs qui les remplaceront ou qui assumeront les responsabilités, les prêtres et évêques maintiennent l'imaginaire de leur autorité sur l'ensemble. Un autre modèle, largement moins répandu, cherche à réajuster les responsabilités spécifiques de distribution des biens symboliques : le modèle coalescent recrée des conditions grâce auxquelles les laïcs répartissent les biens qui leur reviennent en propre (socialité, piété). Il pose comme principe fondateur que l'expérimentation de la socialité et de la piété par les laïcs conditionne leur distribution.

Les deux modèles sont-ils compatibles ? Le mouvement synodal qui a été érigé en principe d'animation et de gouvernement diocésain semblerait aller dans ce sens. Consulter les laïcs, quel que soit leur « degré » de piété (pratiquants, non pratiquants), et maintenir les prêtres provisoirement en retrait des consultations larges pourraient être interprétés comme une manière de réassocier les deux formes de distribution. D'une manière générale, on ne peut pas dire que les prêtres sortent à leur avantage de ces vastes consultations populaires, de cet exercice de démocratie participative. L'évêque est le premier bénéficiaire de l'opération, puisqu'il apparaît comme l'initiateur et le principal interlocuteur des commissions synodales. On le perçoit très bien dans les nombreuses liturgies qui ponctuent le déroulement d'un synode. Les prêtres et diacres, pour leur part, sont associés aux laïcs aussi bien lors des consultations initiales qu'au cours du processus de traitement du « registre des plaintes » et des suggestions de solutions. Dans un synode, en fin de compte, il ne semble pas que le corps des prêtres soit placé en vis-à-vis du peuple des fidèles laïcs. Ce qui empêche *de facto* à ces derniers de se comprendre en vis-à-vis. Le synode comme principe de gouvernement n'a pas pour objet de réajuster la distribution.

C'est peut-être en direction de l'obligation dominicale qu'il faut porter le regard. Clé du dispositif catholique, c'est sur elle que l'on a pu mesurer l'adhésion des populations au groupe catholique. On était catholique assidu, moyennement, peu ou pas pratiquant. Ce « commandement de l'Église », tel qu'on le répertoriait dans les catéchismes d'autrefois, n'a pas été repris comme tel dans la catéchèse depuis plus de quarante ans. En l'absence d'enquête disponible, nous ne savons pas vraiment comment ce commandement a été repris dans l'éducation des enfants, à la fois par les groupes de catéchisme et les familles elles-mêmes. Comme la réussite de cette injonction dépend de trois dimensions qui doivent converger, le rythme hebdomadaire, la socialité et la piété (liturgie), elle est constamment soumise à des tiraillements, à des forces centrifuges. La divergence des deux modèles de réajustement de la carte paroissiale laisse supposer que le modèle majoritaire n'offre pas de solution à l'éclatement : lorsque le clergé demeure le principe de la distribution, et que les laïcs ne sont pas rétablis dans un rôle propre, l'obligation dominicale ne fonctionne plus, car il n'y a pas d'alternative possible. Il serait intéressant d'étudier comment la remise en fonctionnement de la distribution par les laïcs dans le modèle coalescent (Poitiers) modifie et/ou réassume le rendez-vous du dimanche.

Il ressort de cette première série de dossiers sur les transformations du catholicisme en France l'impression d'un avenir non déterminé. On mesure les variantes qui sont rendues possibles par les choix diocésains. Toutefois, bien des obstacles sont présents au-delà des simples choix d'organisation.

Les trois dossiers révèlent en premier lieu que les laïcs constituent désormais une force incontournable, et ce pas seulement en raison de la diminution du clergé. Cette force est celle d'une « opinion publique » qui a été constituée lors des divers rassemblements synodaux. Les évêques sont-ils conscients d'avoir contribué à faire émerger cette possibilité ? Ils en ont clairement bénéficié, nous l'avons dit, pour revitaliser leur propre position. Acteurs majeurs lors des synodes, ils ne sont désormais plus face à leur clergé ; ils se présentent comme interlocuteurs autorisés face à tout le peuple des catholiques. Mais comment l'événementiel du synode se transformera-t-il en modalité habituelle de gouvernement, voilà une question qui mérite d'être étudiée. Autrement dit, il faudra, sous peine de désagrégation de ce peuple, que l'expression de l'opinion des laïcs devienne durable.

Il faudra pour cela affronter un deuxième défi, celui de la relation avec la parole romaine. Que les synodes aient muselé en partie les possibilités de décision concrètes, parce que certains points relèvent directement de Rome, n'enlève rien au contenu discuté. La démocratie participative qui organise la libre parole des gens a bien souligné que ces « dossiers réservés » sont des lieux de blocage important. Le modèle monopolistique est plus à même de maintenir la dimension consultative et non décisionnaire, comme nous l'avons dit plus haut. Une opinion publique catholique est-elle possible, et sous quelles modalités, dans la vision du monde héritée de la réforme grégorienne ? Le gallicanisme et les rites coutumiers locaux (rite ambrosien, lyonnais,..., maintenus après Trente) avaient sans doute permis un équilibre des pouvoirs entre Rome et les Églises locales ou nationales. Un espace existait pour l'expression des divergences, mais il était monopolisé par les autorités politiques ou le haut clergé. L'émergence de l'ultramontanisme et de la centralisation du XIXe siècle a envahi l'espace, condamnant *de facto* la possibilité d'une opinion autre qu'interne au monde clérical.

Pour ce faire, cette potentielle opinion catholique qui revendiquerait une forme d'autorité devrait affronter les zones de fracture avec la culture et la société laïques. Les grandes interrogations concernant la sexualité, la conjugalité et les recompositions familiales, ainsi que tout ce qui préoccupe les Français en matière de lien social, font partie des discussions affleurant dans les synodes. Une société démocratique ne se contente pas de mobiliser les citoyens à l'occasion du renouvellement des dirigeants et de la représentation du peuple. Elle leur donne accès à la définition des orientations générales aussi bien que particulières (locales), et organise leur participation. C'est ce que nous avons vu dans le dossier sur la pédophilie ainsi que sur la gestion de la sexualité. Comment les catholiques pourraient-ils se satisfaire de leur double appartenance avec une telle disparité dans les pratiques politiques ? Ils devront nécessairement être sollicités par leur Église pour réduire les écarts entre cultures, et de l'utilisation de leur expertise (le « forum des profanes » ?) dépendront bien des orientations de l'Église.

La querelle intégriste prend tout son sens dans la perspective que nous venons d'énoncer. Elle présente de façon exemplaire la zone de fracture qui traverse la société française autour du positionnement de l'Église catholique romaine. On pourrait la résumer de la façon suivante.

Les forces centrifuges qui ont toujours résisté à la centralisation royale, dont la France est un exemple européen parmi d'autres, ont constamment entraîné le christianisme dans leur combat. Et, inversement, celui-ci a sans cesse cherché à se positionner dans le jeu politique pour dépasser les clivages et les blocages qui dégénéraient en conflits. L'Église catholique romaine utilise à cet effet toute la puissance du registre liturgique. Nous n'en avons envisagé que la dimension récente et conflictuelle, dans l'opposition entre la messe dite de Vatican II, récusée violemment par les intégristes, et une messe dite « du concile de Trente », d'ailleurs plus proche de l'ultime adaptation promulguée par Jean XXIII à la veille du concile Vatican II. L'association entre la querelle sur le rite de la messe et celle sur l'ouverture aux autres confessions chrétiennes (œcuménisme) et au dialogue interreligieux est plus que suggestive. Elle révèle la dimension politique de la liturgie. Non pas que le rite de la messe traduirait les options politiques de telle ou telle faction dans l'Église ; la chose est vraie lorsqu'il s'agit d'organiser le rituel à l'intérieur des marges de liberté qu'on trouve dans le texte de référence, la Présentation générale du Missel romain (PGMR). Mais le « théâtre divin », selon la belle expression de P. Martin, traduit la vision que l'Église porte de sa place dans le monde, et du type de relation qu'elle cherche à promouvoir en vue de la pacification des conflits, de l'apaisement des tensions.

Il n'est pas sûr, au vu de l'inflation événementielle qui a marqué l'Église catholique en France, que le rendez-vous dominical et sa liturgie remplissent ce rôle dans la société contemporaine. Il faudrait examiner sérieusement la portée sociologique d'une liturgie dominicale, à partir des éléments sociaux qui sont symbolisés dans le rite. Nous avons insisté sur un seul aspect de cette dimension sociale, qui est le dialogue. La liturgie dite « de la parole », nouveauté introduite de cette façon par la réforme liturgique de Vatican II, en est un élément essentiel. Mais on n'évitera pas non plus une confrontation avec tous les autres modes liturgiques, comme les rites de piété, les grands rassemblements ou liturgies extraordinaires et le sacrement de réconciliation (confession). Le désajustement du septénaire sacramentel, que nous avons amplement souligné à propos du lien entre messe et confession, n'est-il pas l'indice d'une fracture dans la prise en compte de l'ajustement social ? L'hypothèse mérite d'être étudiée sérieusement à partir de cette étude sociale des rites et de la liturgie catholique romaine. Le mérite de la crise intégriste est de conduire à ce questionnement.

Tout comme, du reste, le dossier sur les divorcés-remariés. Fracture exemplaire s'il en est ! L'attitude romaine à propos du mariage et de la famille est en complet porte-à-faux avec les citoyens français. Qui sont aussi des catholiques. La forme du mariage proposée par le catholicisme romain n'est plus compréhensible par les populations. Ou, plus exactement, un certain droit à l'échec est revendiqué. C'est une manière de montrer que les certitudes concernant la relation homme-femme et la légitimité de la filiation se sont déplacées. Une anthropologie vécue par les gens diffère largement de celle qui est présentée dans la doctrine catholique. Risquons un parallèle, souvent fait en aparté.

L'anneau porté par l'évêque dès qu'il est ordonné a une signification nuptiale fermement attestée. L'évêque est, selon la théologie catholique classique, l'époux de son Église diocésaine. La pratique romaine a depuis longtemps usé du divorce en la matière, en déplaçant les évêques d'un diocèse à l'autre — souvent pour une promotion à l'intérieur du collège épiscopal. Au niveau inférieur, la réforme issue de Vatican II a « désinstallé » les curés. Autrefois inamovibles, ils sont devenus des curés à temps limité. Eux aussi passent de paroisse en paroisse. Le clergé donne donc l'image d'un attachement à durée limitée. La symbolique nuptiale ne joue plus, et l'on n'a pas encore vraiment cherché à évaluer la nouvelle image implicite qui se dégage dans l'imaginaire catholique après plus de quarante ans de pratique. On ne sera donc pas étonné que les fidèles catholiques réclament un traitement semblable pour la cellule conjugale.

On sera donc frappé par la concomitance de deux mouvements, en apparence opposés. Le premier est celui d'un souci manifeste, du côté des catholiques, pour les victimes des fractures sociales : immigrés, pauvres, isolés, personnes âgées, chômeurs. La vocation caritative traditionnelle de la vie chrétienne joue à plein sur ce registre. Resserrer les rangs d'une humanité qui se brise, rétablir les liens de solidarité entre des personnes qui sont ballottées d'un lieu à l'autre, d'un groupe à l'autre, et qui perdent les repères sociaux. En parallèle, on s'inquiète de la disparition des occasions de rassemblement autour de la messe du dimanche, et du peu d'attrait du catholicisme auprès des jeunes générations. D'un autre côté, on s'insurge contre la normativité rigide (ou ressentie comme telle) des instances romaines à propos de la vie personnelle : famille, sexualité, maladie. Les fidèles s'accommodent volontiers de liens plus lâches dans les familles (conjugalité), d'usages plus souples de la sexualité. Le découplage entre sexualité et plaisir, sexualité et vie conjugale, vie conjugale et enfantement. Les liens qui étaient noués fermement autour du mariage ont été détricotés par la modernité, à mesure que les recherches scientifiques autorisaient de nouveaux usages du corps.

Les deux mouvements ont des directions opposées : retisser du lien social, d'une part, augmenter la liberté personnelle, de l'autre. En réalité, dans les deux cas, on place le corps au centre de la réflexion : corps social et corps individuel. Les catholiques sont sensibles à la désagrégation des liens sociaux, qui éloignent les individus des réseaux d'entraide et de solidarité, et mettent en péril les corps. La misère sociale se traduit invariablement par une misère physique. La société n'est plus un corps qui prend soin de ses membres, et les catholiques se refusent à cette vision. Dans sa dimension souffrante, le corps individuel est la résultante du corps social en souffrance.

Mais la dimension bienfaisante du corps individuel — l'exercice de la sexualité — permet au contraire d'augmenter les relations. La restriction apportée par l'Église catholique au libre usage du corps individuel est à comprendre à partir du premier motif du mariage : le secours mutuel, selon le concile de Trente. La doctrine de saint Paul sur laquelle prend appui la doctrine du mariage catholique — le mari est la tête du corps, qui est sa femme (Ep 5,31 et *sqq.*) — n'articule pas le corps symbolique représenté par le couple humain, et le corps symbolique représenté par la société. Or, dans une société française qui a mis au premier plan la solidarité de toute la société (par le système de retraites, la sécurité sociale, la redistribution fiscale, etc.), le secours mutuel est assuré par l'ensemble du corps, beaucoup moins par le corps conjugal. Logiquement, l'exercice de la sexualité est considéré — à tort ou à raison — comme une façon d'élargir la vision du corps conjugal, et de multiplier les possibilités de liens.

On pourrait ajouter que cette vision ne tient pas compte de l'événement constitué par la rupture, comme le rappelle fort justement l'Église lorsqu'elle s'efforce de promouvoir la confession. Si l'intuition de l'Église est juste, elle ne se manifeste cependant pas sous une forme qui tient compte des changements de société : la confession individuelle, portant sur des actes ponctuels, n'assume pas la dimension collective des ruptures et des fautes, ni leur caractère durable.

Les mutations de l'institution conjugale et familiale dans la société française ne sont pas une nouveauté. L'Europe a déjà connu semblables transformations. Lorsque les coutumes « barbares », d'origine germanique, ont pris le pas sur les fonctionnements méditerranéens, à partir du ve siècle, l'Église s'est trouvée en porte-à-faux. Dans le système germanique de la *Sibbe*, la solidarité du clan imposait effectivement la multiplication des unions et tolérait largement les unions incestueuses[136]. Toutes proportions gardées, les catholiques auraient tout intérêt à considérer les mutations contemporaines à partir de l'histoire de la fusion du monde germanique et du monde romain, qui a duré plusieurs siècles. La redéfinition des conditions sociales de solidarité, l'immense nouveauté que constitue la coexistence de quatre générations simultanées — une première dans l'histoire de l'humanité —, due à l'allongement de la vie, sont des fractures de long terme qui imposent une redéfinition anthropologique de l'union conjugale.

La querelle intégriste atteste donc, pour la France en tout cas, de la fracture majeure qui affecte le catholicisme. Elle met en cause les

136. Jean-Pierre Poly, *Le chemin des amours barbares ; genèse médiévale de la sexualité européenne*, Paris, Perrin, 2003.

fondations posées à l'issue de la rencontre entre les deux modes de civilisation, que sont le monde germanique et le monde latin méditerranéen. Cet accord obtenu après de longues luttes a consisté à partitionner le monde européen entre les clercs et les laïcs. Le pouvoir spirituel ayant, comme il se doit, préséance d'honneur et d'autorité sur le pouvoir temporel.

La fracture s'est rouverte avec la Réforme, au XVIe siècle, et le concile de Trente l'a refermée avec un succès certain, en posant le prêtre au centre du dispositif de contrôle des populations. La messe dans l'Église paroissiale a été le théâtre de la pacification, la mise en scène des blessures passées, assumées « par le sacrifice de Notre Seigneur Jésus Christ ». Le monde européen s'est alors construit dans la compétition entre les peuples de la Réforme, largement présents dans l'univers germanique, et les peuples méditerranéens. La France est restée un des lieux de rencontre, d'autant plus sensible que l'unification politique, en avance sur celle de l'Allemagne par exemple, n'a pas résolu les tensions qui s'exerçaient. L'évolution de la société française a conduit à recréer la fracture sur d'autres déterminations que la compétition religieuse entre protestants et catholiques. D'une certaine manière, la culture a pris sa revanche sur la religion.

Si les catholiques de France veulent affronter les zones de fracture qui sont nées de la disjonction progressive des cultures, s'ils veulent résoudre la tension née de l'exculturation, ils ne le peuvent qu'à nouveaux frais. En particulier, le maintien des conditions de fonctionnement propres au monde issu de la réforme grégorienne, au XIIe siècle, n'est plus pertinent. L'Europe est devenue un vaste carrefour de croyances et de cultures, alors que le dispositif grégorien répondait à une christianisation quasi complète de l'Europe. En témoigne le sort qui a été fait par Pierre le Vénérable, abbé de Cluny, à la religion musulmane, selon le grand travail de D. Iogna-Prat :

> Or, pour un intellectuel chrétien du XIIe siècle, moine noir de surcroît, il n'existe qu'une seule guerre, celle, farouche et toujours incertaine, que l'on mène contre le diable. Quelles que soient les nuances dialectiques qui ornent par endroits le *Contra sectam Sarracenorum*, lutter contre l'islam revient *in fine* à diaboliser Muhammad et ses sectateurs. Dans un univers mental divisé, dans la perpective des fins dernières, en « bonne » et « mauvaise » part, ne pas suivre la voie droite de l'obéissance au vrai Dieu équivaut à basculer du côté du Malin. S'abolissent alors toutes les nuances : juifs, hérétiques et païens se retrouvent dans l'abîme sans fond de toutes les abominations. À ce stade, peu importe si l'on fait de monothéistes déclarés des idolâtres[137].

La réception de cet ouvrage de Pierre le Vénérable fut, semble-t-il, peu signifiante. Qu'importe ! Elle faisait partie du lot commun d'une société européenne en pleine expansion, qui s'efforçait de réajuster le dynamisme culturel aux données de la religion chrétienne.

La virulence des attaques contre la pédophilie des clercs reprend les éléments caractéristiques de cette fracture entre société européenne et catholicisme romain, vu sous l'angle grégorien. Dans l'univers où les sociétés démocratiques ont remis à plat les pouvoirs, et fait advenir l'opinion comme régulateur du pouvoir, l'autorité de l'Église est directement mise en cause si elle persiste à maintenir la séparation grégorienne. Il est à augurer que la mise en œuvre de la nouvelle vision née au concile Vatican II, qui fait des clercs des ministres ordonnés au service de l'unique peuple de Dieu, permettrait de réajuster les problématiques. La pédophilie perdurera, car on ne sait pas encore ni la déceler à l'avance, ni la soigner dans des conditions acceptables (*cf.* les débats autour de la castration chimique) ; mais les clercs, redevenus ministres ordonnés, ne seront plus que des membres spécifiques d'un peuple unifié autour de sa foi.

137. Dominique Iogna-Prat, *Ordonner et exclure*, *op. cit.*, p. 357.

Le catholicisme s'affronte donc en France à des défis. Un certain nombre d'entre eux tiennent à l'histoire spécifique et à la culture du pays. La France continue de dénouer peu à peu la construction napoléonienne du territoire, et l'évolution du tissu paroissial en est un des éléments les plus spectaculaires. L'intégration européenne qui se substitue progressivement à ce modèle national n'apparaît pas dans les préoccupations que nous avons étudiées ; elle modèle pourtant de façon durable et persistante l'espace des institutions et des comportements : divergence supplémentaire entre le catholicisme français et la société. On pourrait sans peine ajouter une grande partie des débats culturels, politiques et sociaux de l'espace public français, pour lesquels le catholicisme ne semble pas pleinement armé.

En revanche, des zones de fracture sont ouvertes au sein même de l'institution ecclésiale. Des conflits doctrinaux, sans doute, mais bien plutôt des conflits portant sur la pertinence du modèle de positionnement dans le monde, qui est devenu, pour la France comme pour les autres pays européens, un monde religieusement pluraliste et ouvert aux cultures extra-européennes.

Il n'est pas facile de prédire un avenir sur ce plan au catholicisme. D'une part, la vision universaliste issue de l'antique fonctionnement romain pourrait s'avérer productive, une fois surmontées les crises d'intégration des nouvelles cultures. L'Empire romain a su faire face aux défis lancés par son extension à l'Europe et au-delà de la Méditerranée. Mais par ailleurs, la délicate alchimie politique en train d'advenir sur le plan des opinions publiques et de leur rôle dans le gouvernement des institutions pourrait condamner le modèle clérical. Si le catholicisme, de ce point de vue, se dépêtre de la cléricature, ce serait sans doute présomptueux de lui prédire un avenir en tant que sous-culture, ou que culture régionale.

Table des matières

Composé par Nord Compo Multimédia
7, rue de Fives, 59650 Villeneuve-d'Ascq

Achevé d'imprimer en septembre 2010
par Normandie Roto Impression s.a.s., 61250 Lonrai
Dépôt légal : octobre 2010 — N° d'imprimeur : 103073
Imprimé en France